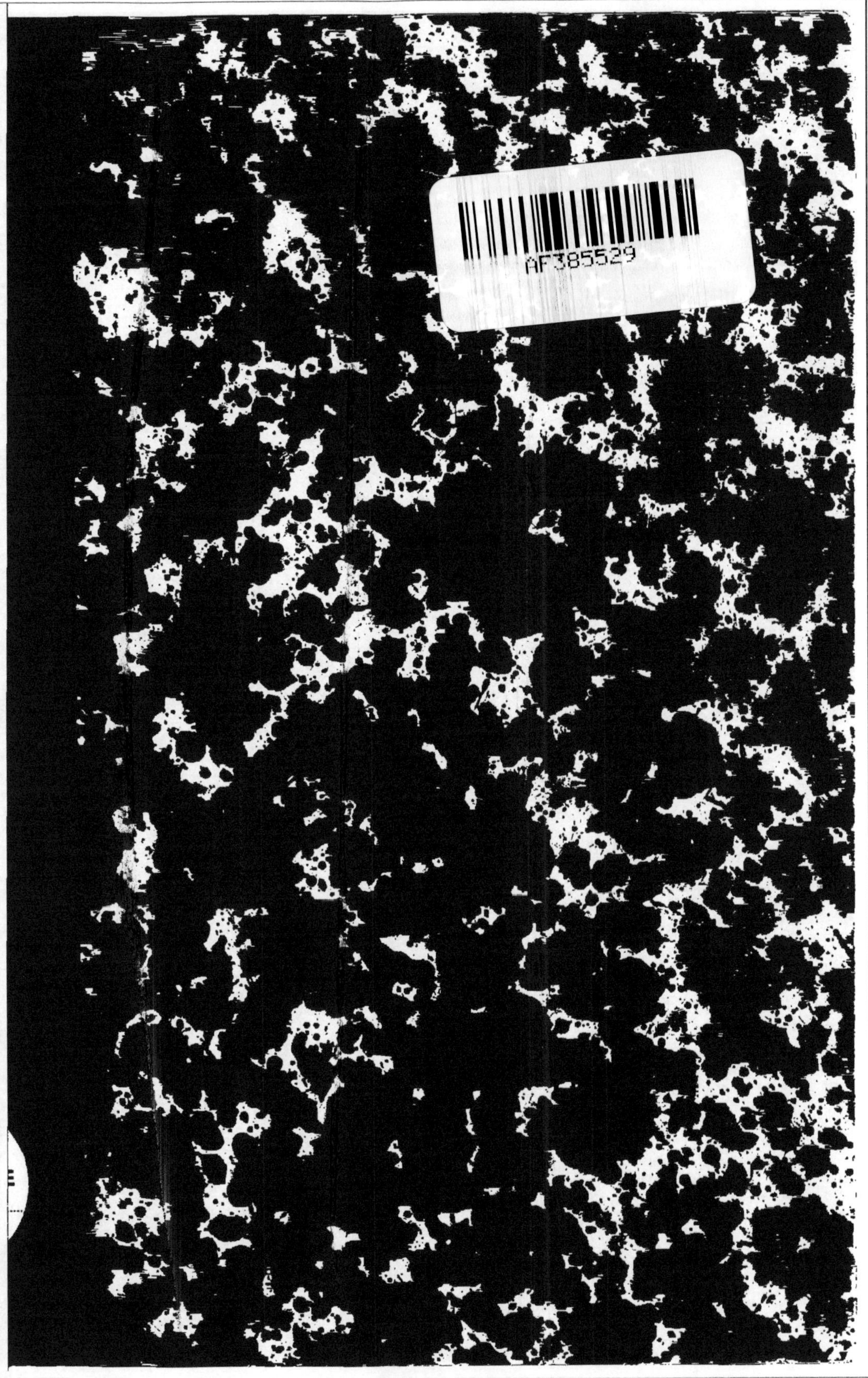
AF385529

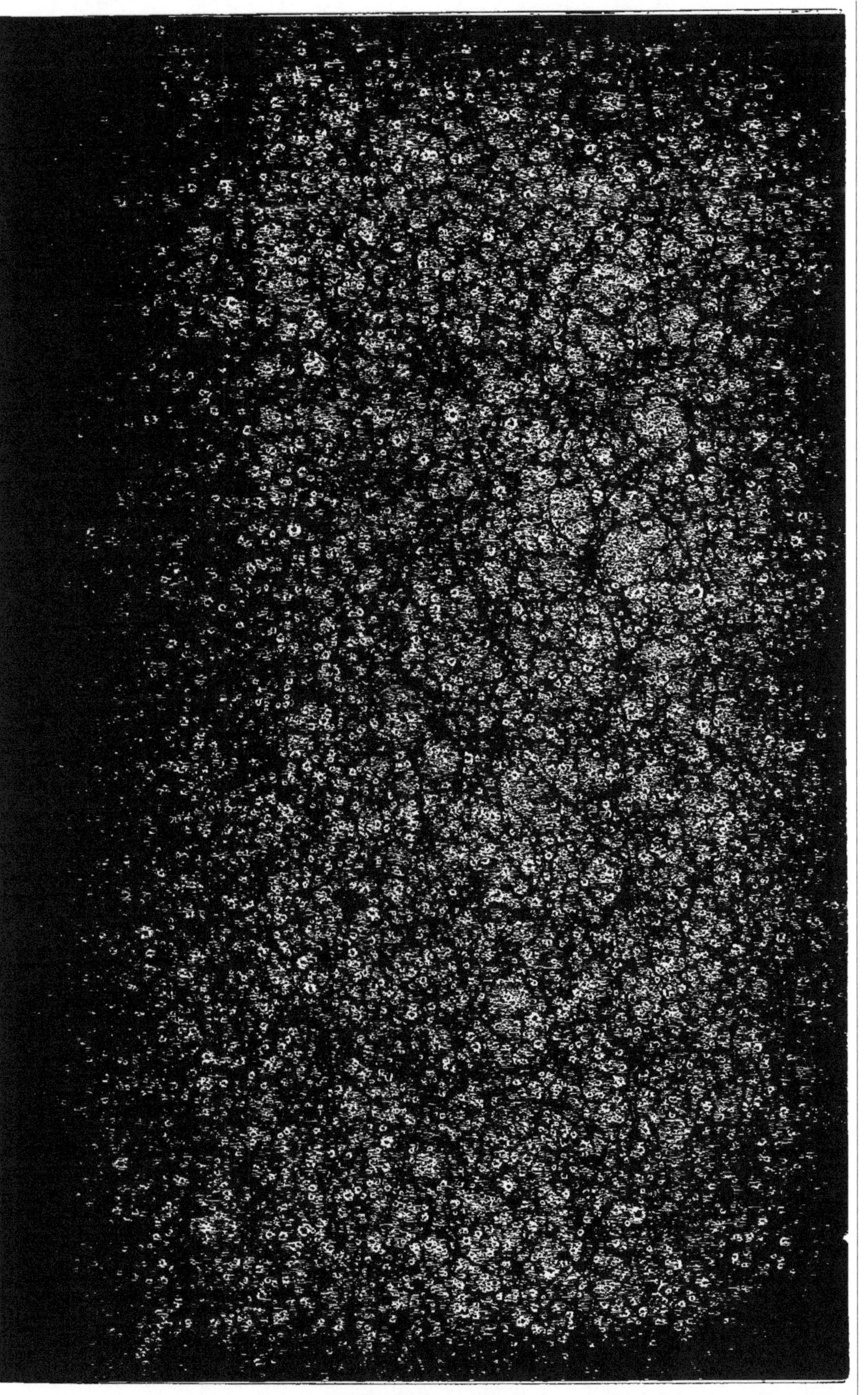

ABRÉGÉ DE LA VIE

de notre Révérende Mère

THÉRÈSE - FRANÇOISE - CAMILLE DE L'ENFANT - JÉSUS,

RELIGIEUSE CARMÉLITE.

ABRÉGÉ DE LA VIE

DE

NOTRE RÉVÉRENDE MÈRE

THÉRÈSE-FRANÇOISE-CAMILLE *de Soyecourt*

DE L'ENFANT-JÉSUS,

CARMÉLITE PROFESSE DE L'ANCIENNE COMMUNAUTÉ
DE LA RUE DE GRENELLE,

décédée, le 9 mai 1849,

dans notre Monastère de Sainte-Thérèse sous la protection de notre Père saint Joseph
des Carmélites, rue de Vaugirard,

A PARIS.

Paris

IMPRIMERIE DE MADAME VEUVE BOUCHARD-HUZARD,

RUE DE L'ÉPERON, 5.

—

1849

ABRÉGÉ DE LA VIE

de notre Révérende Mère

THÉRÈSE - FRANÇOISE - CAMILLE DE L'ENFANT - JÉSUS,

RELIGIEUSE CARMÉLITE.

MA RÉVÉRENDE ET TRÈS-HONORÉE MÈRE.

PAIX ET RESPECTUEUX SALUT EN J. C. NOTRE DIVIN SAUVEUR.

La voix de notre douleur s'est déjà fait entendre à votre
cœur lorsque nous sommes venues réclamer au plus vite les
suffrages de notre saint Ordre pour notre Révérende Mère
Prieure et fondatrice Thérèse-Françoise-Camille, professe
de l'ancienne Communauté de la rue de Grenelle, à Paris,
décédée, le 9 mai 1849, dans ce Monastère, rétabli par ses
soins, âgée de quatre-vingt-onze ans dix mois et quatorze
jours ; de religion, soixante-quatre ans neuf mois seize
jours. Nous aurions répondu plus tôt à votre attente, ma
Révérende Mère, sans divers embarras ménagés, sans doute,
par la divine Providence pour le bien de notre cher Carmel,
puisque Dieu n'enrichit nos âmes de ses grâces qu'après les
avoir éprouvées par de grandes peines et afflictions.

Veuillez donc, ma Révérende Mère, en agréant nos excuses
de ce retard indépendant de notre volonté, nous permettre
de réclamer en même temps votre indulgence sur un travail bien consolant, sans doute, pour notre cœur, puisqu'il

s'agit d'exposer à vos yeux l'abrégé des hautes et touchantes vertus qu'a pratiquées, pendant sa longue carrière, notre Révérende et Vénérée Mère Camille, mais dont l'exécution, néanmoins, nous semble si fort au-dessus de notre faiblesse, que nous n'oserions l'entreprendre, si nous n'avions la douce confiance que Dieu daignera répandre sa bénédiction sur une œuvre dans laquelle nous n'avons en vue que sa gloire et notre commune édification.

Notre Révérende Mère Thérèse-Françoise-Camille naquit, à Paris, le 25 juin 1757, d'une des plus anciennes et des plus illustres familles du royaume (1). La grâce du saint Baptême lui fut conférée le lendemain, et elle eut, toute sa vie, une si grande reconnaissance pour ce premier bienfait surnaturel, qu'elle en célébrait, chaque année, l'anniversaire avec cette foi vive qui engage le Seigneur à multiplier ses dons; elle affectionna même toujours singulièrement l'église de Saint-Sulpice, parce que c'était en ce lieu que l'eau régénératrice avait coulé sur son front; elle ressentit aussi une grande consolation, dans les dernières années de sa vie, de ce que le digne pasteur qui dirige cette pieuse paroisse, avec autant de zèle que de sagesse, répondait d'une manière touchante et dévouée au respectueux et sincère attachement qu'elle avait pour sa personne.

(1) M. son père, Charles-Joachim de Seiglières de Belleforière, était comte de Soyecourt et de Tuppigny, marquis de Guerbigny, baron d'Itre, seigneur des Grandes-Tournelles de Montdidier, Régnier-Écluse, Grand-Manoir de Lihons, Carrépuis, Eaucourt, Séricourt, Ardois, Saint-Germain, Machy, Arry, Vironceaux, Champignolles, Creteil et autres lieux.—Gilles, sire de Soyecourt, un de ses ancêtres, était grand échanson de France en 1328, sous le règne de Philippe VI de Valois, et périt à la journée de Crécy, le 26 août 1346.

Mme sa mère, Marie-Sylvine de Béranger, était fille du comte de Béranger, chevalier des ordres du roi et lieutenant général de ses armées. — La maison de Béranger-Sassenage, en Dauphiné, par preuves historiques et une filiation non interrompue, remonte à Artaud, comte souverain de Lyon et de Forez en l'an 970.

Toutefois, ma Révérende Mère, ce fruit béni du ciel ne fut point accueilli avec les démonstrations de joie qui accompagnent ordinairement la naissance des personnes de sa condition. M. son père ayant eu déjà deux filles depuis son mariage, la famille avait conçu l'espérance que, pour cette fois, ses vœux allaient être exaucés par la naissance d'un fils; mais Dieu, dont les pensées ne sont pas nos pensées et qui devait ajouter plus de gloire à cette illustre famille par les vertus dont il devait orner l'âme de cette chère enfant que par un héritier capable d'en soutenir les hautes destinées, voulut, en cette circonstance, montrer combien le jugement humain est faible et borné, et qu'à lui seul appartient de sonder l'avenir. Notre Révérende Mère Camille, qui conserva jusqu'à la fin de sa vie son amabilité et sa gaieté naturelles, aimait à nous répéter, jusque dans son extrême vieillesse, qu'elle avait ouï dire qu'une de ses tantes, interrogée sur le nom qu'on lui donnerait, répondit avec vivacité : « Il faut la nommer *Mademoiselle de trop.* » Quelqu'un qui était présent repartit par une espèce de pressentiment que la suite vérifia : « Pauvre petite! elle sera peut-être la consolation de sa famille. »

Ici, ma Révérende Mère, se présente naturellement à l'esprit la judicieuse réflexion de notre Mère sainte Thérèse, qui, dans l'histoire de ses fondations, rapportant la vie d'une vertueuse dame qui l'aida à fonder un Monastère de notre saint Ordre, et dont le père et la mère regrettaient la naissance parce qu'ils avaient déjà plusieurs filles, dit à ce sujet : « Combien de parents sont dans l'ignorance de ce « qui leur est avantageux, et ne comprennent point qu'il « leur peut être fort utile d'avoir des filles et fort préjudi- « ciable d'avoir des fils! au lieu de se soumettre aux ordres « de leur Créateur, ils s'affligent de ce qui devrait les ré- « jouir. »

Une pieuse coutume de cette époque prévalait sur la

tendresse des parents pour leurs enfants. Les demoiselles de condition avaient à peine atteint la première lueur de raison, qu'elles étaient conduites au couvent pour y croître, comme le jeune Samuel, à l'ombre du sanctuaire, sous les auspices de prudentes et habiles maîtresses chargées de former ces jeunes plantes aux vertus chrétiennes et sociales, jusqu'à ce qu'un établissement conforme à leur illustre naissance les obligeât de quitter le pieux asile où s'étaient écoulés les beaux jours de leur innocente jeunesse ; quelques-unes d'entre elles, dociles à la voix de la grâce qui s'était emparée de leurs cœurs, refusaient d'aller tremper leurs lèvres dans la coupe d'or de Babylone, et, renonçant aux délices du siècle sans les avoir jamais connues, s'associaient à la chaste tribu des Vierges et consolaient l'Église des maux qui déjà commençaient à l'attrister, trop heureuses, sans doute, de pouvoir échanger contre les courtes et frivoles jouissances du monde la paix ineffable et les saintes délices que l'âme fidèle goûte dans la solitude, et que les mondains achèteraient, s'ils pouvaient les connaître, au prix de tous leurs plaisirs.

Mais, ma Révérende Mère, le Seigneur, qui voulait élever à la plus sublime perfection et faire monter un jour notre respectable Mère Camille sur la montagne mystique du Carmel, permit à son égard une voie tout opposée ; car un des plus grands combats et la lutte la plus pénible qu'elle eut à soutenir pour répondre aux desseins de Dieu sur son âme fut de triompher de l'excessive tendresse de ses parents, et, quand on a connu, comme nous, l'extrême sensibilité de son cœur, on ne peut que se livrer à la plus vive confiance que le Seigneur aura couronné d'aussi généreux sacrifices.

M. de Soyecourt, affligé de la séparation de ses deux filles aînées, qu'il ne pouvait voir qu'à travers les grilles du couvent de la Visitation, où elles étaient entrées fort jeunes, engagea madame son épouse à garder celle-ci dans la

maison paternelle au moins quelques années de plus que les
autres. On lui donna des maîtres, sous lesquels elle apprit
avec facilité les premiers éléments des sciences ; aussi était-
elle plus instruite que la plupart des enfants de son âge
lorsque, plus tard, elle entra en pension.

Elle eut pour gouvernante une excellente femme, qui, loin
de la soutenir dans les petits manquements pardonnables à
l'enfance, la reprenait avec fermeté de ses moindres défauts.

Voyant le peu d'application qu'elle mettait à apprendre
son catéchisme, elle le dit à madame sa mère, qui la me-
naça, si les mêmes plaintes recommençaient, de brûler un
collier, de peu de valeur à la vérité, mais que sa fille affectionnait beaucoup et qu'elle portait habituellement à son
cou. Quelques jours après, le collier fut, en effet, détaché
et jeté au feu en présence de l'enfant, qui, stupéfaite d'é-
tonnement en voyant détruire un objet si précieux à ses
yeux, et craignant que ses autres bijoux n'eussent le même
sort, s'appliqua désormais à tous ses devoirs.

« *A l'âge de sept ans*, nous disait-elle, *ma gouvernante*
« *me disposa à approcher du sacrement de pénitence, et,*
« *m'ayant fait faire un sérieux examen sur mon orgueil,*
« *mon entêtement et ma vanité, elle me conduisit à Saint-*
« *Sulpice, dans la chapelle des Cinq-Plaies, à un Père Ca-*
« *pucin, auquel je me confessai.* »

Il était, en effet, presque impossible, ma Révérende
Mère, que le beau naturel dont était douée cette aimable
enfant, relevé par les autres agréments du jeune âge, ne
devînt pour elle un écueil au milieu de cette classe de la
société qu'on appelle le grand monde. Madame sa mère, à
laquelle elle ressemblait beaucoup, recevait avec complaisance les éloges que les grâces naissantes de sa fille lui attiraient, et il n'était pas de société brillante, de spectacle
même, surtout lorsque la pièce était à la portée de l'enfant,
où elle ne fût conduite. A peine était-elle âgée de cinq à six

ans, que son esprit vif et pénétrant remarqua, non sans une douce satisfaction, le gracieux accueil qui lui était fait dans les assemblées, et, bercée parmi les séductions de la grandeur et de l'opulence, son cœur, quoique toujours orné du précieux trésor de l'innocence, commençait à ressentir ces premiers retours de l'amour-propre qui ôtent à un enfant le lustre jusqu'alors intact de sa première candeur.

Lorsqu'elle eut atteint sa huitième année, sa mère, s'apercevant du goût décidé qu'elle avait pour la parure, résolut de donner une éducation plus sérieuse à cette fille chérie qui donnait de si douces espérances; elle la conduisit donc elle-même, la veille de la Visitation, à un des Monastères de ce saint Ordre, situé rue du Bac, à Paris. Après avoir assisté au Salut dans la chapelle, elle entra, selon sa coutume, dans l'intérieur du Monastère pour voir ses deux filles aînées; puis, s'échappant à la dérobée, elle laissa la pauvre petite, qui cria toute la nuit, soupirant après son père, dont le cœur aussi ne put être un peu consolé qu'en se procurant le portrait de sa fille revêtue des ajustements qu'elle portait à son départ de la maison paternelle. Le lendemain, une épreuve des plus cruelles succéda à celle de la veille. On apportait le plus grand soin, dans la classe où elle devait être, à débarrasser les jeunes élèves de toute futilité gênante; ses deux sœurs furent donc envoyées dès le matin pour couper sa longue chevelure. Lorsqu'elle connut le but de leur visite, ses sanglots redoublèrent, et, cherchant à garantir sa tête avec ses deux petites mains, elle fit d'incroyables efforts pour empêcher les effets de cette première immolation de sa vanité. En peu d'instants, néanmoins, elle eut à déplorer et la perte de ses cheveux et la dure nécessité de se laisser mettre sur la tête le bonnet rond des pensionnaires. Ce jour fut vraiment pour elle celui du sacrifice et comme un présage de ceux que la divine Providence lui réservait pour l'avenir, et qu'elle fit avec tant de générosité.

Quelques heures après, on la conduisit dans le cabinet de la Révérende Mère Supérieure, qui était alors madame de Brancas, pour recevoir de ses mains le petit voile de la sainte Vierge et le cordon de saint François de Sales. Ce que cette respectable dame lui dit à ce sujet fit une si forte impression sur son jeune cœur, que ses chagrins précédents s'évanouirent, sauf celui de ne pouvoir plus embrasser son père bien-aimé; elle ressentit même tout à coup, à la suite de cette petite cérémonie, une joie intime de la grâce qui venait de lui être accordée, sentiment mal défini peut-être dans un âge si tendre, mais qui annonce cependant à quel degré de vertu supérieure parviendra l'âme qui l'éprouve quand elle pourra comprendre les vanités du monde et les infinies perfections de Dieu. L'enfant fut ensuite admise parmi les *petites Sœurs* : c'est ainsi qu'on appelait les jeunes demoiselles pensionnaires.

La Religieuse chargée de diriger la classe où elle était entrée étant souvent malade, ce fut spécialement par les soins de madame de Nolan, maîtresse de la classe suivante, que cette âme si tendre s'ouvrit aux douces influences de la piété. La digne fille de saint François de Sales, à laquelle le Seigneur accordait la grâce de verser d'une manière toute particulière le baume du divin amour dans le cœur de ses élèves, cultiva avec le plus grand soin la jeune plante qui croissait sous son aile protectrice; elle la prépara au sacrement de Confirmation, que notre chère Mère reçut, à onze ans, des mains de Monseigneur l'Evêque de Lodève, dans de si heureuses dispositions, que les impressions de grâce qu'elle eut en cette occasion ne s'effacèrent jamais de sa mémoire. Ce fut en cet acte solennel qu'elle commença à connaître que Dieu la voulait toute à lui, et qu'elle lui demanda de pouvoir suivre son attrait pour la vie du cloître. L'Esprit-Saint répandit ses dons avec tant d'abondance en ce sanctuaire intérieur, qu'après la cérémonie elle tomba comme dans un extatique ravissement, et, dans cette plénitude d'amour et de foi, elle ne se croyait plus sur la terre, tant elle était heureuse. Deux dames, la croyant indisposée, interrompirent son bonheur en l'emportant dans leurs bras.

Le Seigneur commença dès lors à l'attirer, selon son âge, au dégagement universel qu'elle devait pratiquer plus amplement dans la suite. Attachée jusqu'à cet instant aux petits objets qu'elle possédait, elle ouvrit un jour sa cassette, et, quoiqu'il lui en coûtât, donna, sans restriction aucune, tout ce qu'elle aimait, même une image qu'elle affectionnait extraordinairement. « *Celui qui est fidèle dans les petites choses le sera aussi dans les grandes*, » dit le Saint-Esprit. Dieu, pour récompenser sa générosité, la rendit indifférente pour tout ce qui éblouit les yeux et enchante le cœur des jeunes personnes. Cette enfant de bénédiction fit toujours la joie de ses maîtresses et le bonheur de ses compagnes, parmi lesquelles se trouvaient, outre ses deux sœurs, ses cousines germaines, mesdemoiselles de Bérenger, ainsi que mesdemoiselles de Sept-Maisons et Lamberti, qu'elle chérissait. Ces dernières ne quittèrent la classe que pour entrer au noviciat et se faire Visitandines.

L'esprit d'ordre de notre chère Mère lui mérita, toute jeune qu'elle était, la confiance d'assister, dans le soin et l'arrangement du linge des pensionnaires, la dame Religieuse (1) qui en était chargée. Elle avait su conserver, malgré ses prisons et son exil, une lettre que lui écrivit cette sainte Religieuse peu après sa sortie de leur maison.

« Je vous remercie, chère petite, lui disait-elle, de l'a-
« mitié que vous voulez bien me conserver, et que vous me
« témoignez si joliment dans la lettre que vous m'avez fait
« le plaisir de m'écrire. Vous regrettez, dites-vous, le temps
« où vous veniez avec moi comme mon ouvrière ; je vous assure
« que je n'en ai point retrouvé d'aussi bonne que vous, et

______

(1) Sœur Françoise-Élisabeth de Chimay.

« que ma chère d'Ardois (1) nous a souvent manqué, elle
« doit savoir que je l'aimais tout de bon, etc. »

Notre digne Mère répondit parfaitement au désir qu'on
avait d'orner son esprit de toutes les connaissances que
doit posséder une jeune personne de son rang; elle ne
voulut néanmoins jamais apprendre la musique, malgré sa
jolie voix, dans la crainte qu'on ne la forçât à chanter des
romances au sortir du couvent. Ce fut sans doute aussi dans
des vues de Providence que la faiblesse de ses reins empê-
cha qu'elle pût apprendre à danser. Les maîtres de cet art,
tout à la fois si futile et si dangereux pour les jeunes personnes, se contentèrent de lui donner des leçons de bonne te-
nue; ils y réussirent si bien, que, malgré le grand âge où
elle était parvenue, son bon maintien ainsi que la droiture
et la souplesse de sa taille pouvaient servir de modèle aux
plus jeunes d'entre nous.

Notre chère Mère eut pour confesseur, après le célèbre
M. de Montis, le Père de l'Union, ancien Jésuite, qu'elle
n'oublia jamais, parce que, disait-elle, ce fut dans une extase d'amour que l'âme de ce bon Père s'exhala de son corps
pour aller au ciel augmenter le nombre des bienheureux. Il
lui inspira, dès la première fois qu'elle s'adressa à lui, une
si grande horreur pour le péché, qui, aux yeux de la foi,
outrage Dieu d'une manière effroyable, que, dans sa haine
pour ceux qu'elle croyait avoir commis et dans sa contrition,
elle pensa expirer de douleur.

Depuis ce moment, elle s'entoura de plus de silence et de
recueillement, et, écoutant cette voix intérieure de l'Esprit-
Saint qui ne parle qu'aux cœurs amis de la solitude, elle
conçut un désir plus ardent de se consacrer à Dieu, afin de
le servir sans obstacle et de l'aimer sans partage. Comme

(1) On se rappelle que c'était un des titres de seigneurie de son
père.

elle avait alors de grandes souffrances physiques occasionnées par de fréquentes fluxions sur les yeux, elle s'enfermait dans des lieux obscurs, s'y nourrissant du pain dont Jésus a bien voulu faire ici-bas son aliment, ce divin Maître n'ayant pas été un seul instant de sa vie sans douleur.

Elle se disposait à faire sa première Communion, lorsque son père, las de ne la voir qu'à travers une grille, la fit sortir de la Visitation, ainsi qu'il avait déjà fait de ses deux sœurs, pour la mettre, comme elles, chez des Bénédictines mitigées, où leur mère avait été elle-même pensionnaire. Il lui fallut donc quitter ce sanctuaire béni de la Visitation, où les joies et les plaisirs purs qu'elle y avait goûtés laissaient en son âme de si tendres regrets. Une fièvre ardente la saisit la nuit qui précéda son départ en pensant au douloureux moment qui allait la séparer des dignes Religieuses dont le souvenir fut une consolation pour elle le reste de sa vie.

Avant de la faire entrer à sa nouvelle destination, on la conduisit dans une maison de campagne près de Paris ; son tendre père l'y attendait avec impatience pour la serrer dans ses bras. Elle y resta plus de temps qu'on ne pensait ; car, lorsque sa mère se réjouissait dans l'espérance de voir ses filles achever leur éducation dans le Couvent où s'était faite la sienne, ces Dames la prévinrent qu'elles se déchargeaient de leur pensionnat et renvoyaient leurs élèves. On la plaça donc, quelques mois plus tard, avec ses sœurs, chez des Bénédictines de la première règle, où notre chère Mère, tout attristée encore d'avoir quitté les pieuses et aimables filles de saint François de Sales, eut de la peine à s'habituer. Les Religieuses de cette Maison vivaient dans une grande austérité ; madame de Ségur, Prieure perpétuelle, y maintenait la régularité la plus exacte.

Ce fut en cette nouvelle retraite qu'elle se disposa, par

une pureté angélique, à s'approcher pour la première fois de la Table sainte; mais le Divin Epoux des âmes, qui voulait éprouver et fortifier son amour, la fit soupirer longtemps encore après l'heureux instant qui devait l'unir à lui par les liens de la Charité la plus vive et la plus intime. On voulut qu'elle attendît, pour cette grande action, une de ses sœurs, dont le caractère espiègle et léger laissait encore à désirer pour un acte de si haute importance.

L'année où il fut décidé qu'elle aurait ce bonheur, elle demanda et obtint de ne point aller à la campagne, avec ses parents, employant ce temps à faire des analyses religieuses, comme préparation à sa première Communion. Ce ne fut donc que le 25 décembre 1772 que notre chère Mère, âgée de quinze ans, eut le bonheur de recevoir le Bien-Aimé de son cœur à la Messe de minuit. Son tendre respect pour les auteurs de ses jours lui avait fait conserver, avec les images de sa Confirmation et de sa première Communion, les lettres que M. et Mme de Soyecourt lui écrivirent la veille de ce jour heureux; je crois vous faire plaisir, ma Révérende Mère, en vous les transcrivant.

« Je suis, lui dit son excellent père, pénétré de joie et de
« consolation, ma chère enfant, de voir les sentiments de
« piété avec lesquels vous vous êtes préparée à votre pre-
« mière Communion. C'est certainement l'action la plus
« sainte de votre vie, et celle qui doit sanctifier toutes les
« autres. Vous n'avez point de pardon à demander, puis-
« qu'il est vrai que vous ne nous avez jamais donné le
« moindre désagrément et que vous avez toujours mérité
« la louange de tout le monde. Veuille le Ciel vous conser-
« ver dans de si heureuses dispositions, et vous accorder
« toutes les grâces dont vous avez besoin pour mener une
« vie chrétienne. C'est le seul moyen d'être heureux dans
« ce monde-ci et dans l'autre. Adieu, ma chère enfant; je

« vous embrasse avec toute la tendresse que vous méritez.
« (24 décembre 1772.)

    « Que Dieu vous comble, ma chère enfant, lui écrivit
« sa tendre mère, de toutes ses grâces et bénédictions !
« Vous touchez au moment que vous avez tant désiré, et le
« soin que vous avez pris en tout ce qui dépendait de vous
« pour vous en rendre digne me fait un vrai plaisir. Le
« vrai bonheur, ma chère fille, n'est que dans la paix et la
« tranquillité du cœur, et on ne peut en jouir mieux que
« vous à présent. Je compte beaucoup sur vos prières pour
« votre père, votre frère et vos sœurs. Faites-en en particu-
« lier pour moi, ma chère fille; rien ne peut ajouter à l'a-
« mitié que j'ai pour vous. La douceur et la fermeté de
« votre caractère dans le bon chemin vous rendront heu-
« reuse toute votre vie et vous méritent toute ma ten-
« dresse. »

Le Dieu des miséricordes s'attacha notre chère Mère plus
intimement que jamais dans cette mémorable circonstance.
Depuis ce moment, ses progrès frappants dans la vertu
éveillèrent l'admiration de ses maîtresses et de ses compagnes. Elle n'eut d'intimité cependant qu'avec deux jeunes
personnes que leur piété lui avait fait distinguer entre les
autres. C'était alors pour elle le temps des douceurs et des
consolations sensibles ; voulant se rendre digne, autant que
possible, d'entendre la voix de l'Epoux, son âme languis-
sante d'amour et inquiète d'être un instant séparée de son
Dieu trouvait son bonheur à se retirer souvent dans une
chambre attenante à la classe, que ses parents, à sa demande, avaient louée pour elle. Là, loin du bruit et de la
dissipation, elle puisait dans la prière et dans l'étude continuelle de J. C. les forces nécessaires pour surmonter les obstacles qui devaient entraver sa vocation.

Peu contente d'être plus solitaire, elle voulut encore essayer la règle austère des Bénédictines ; elle se tenait éveillée

pour assister à Matines, qui se disaient à deux heures de la nuit, et, pour n'être pas entendue, elle prenait ses souliers à ses mains et restait en adoration à quelque distance du chœur jusqu'à la fin de l'office. Soit que cette ferveur, plus conforme à son zèle qu'à ses forces, nuisît à sa santé, soit simple disposition de tempérament, elle eut, vers cette époque, une fièvre bilieuse inflammatoire qui faillit l'enlever. Elle reçut le sacrement de pénitence en grande hâte, et, toute joyeuse, s'attendait à quitter l'exil; mais le Seigneur, qui avait sur elle bien d'autres desseins, la rendit à la santé en si peu de temps, que les médecins regardaient ce prompt rétablissement comme miraculeux : en effet, deux jours après celui où elle avait reçu l'absolution, pensant dire adieu à la vie, elle se trouva si bien, qu'elle s'échappa pour aller recevoir la bénédiction du saint Sacrement; c'était un dimanche, premier de l'Avent. Elle trouvait même que c'était un excès de précaution de l'avoir empêchée d'assister à la Messe. Ses parents furent bien consolés de cette guérison inespérée, car ils étaient dans la plus vive douleur depuis qu'ils savaient la maladie dangereuse de leur fille, particulièrement son père, qui n'avait pu avoir, comme sa mère, la consolation d'entrer pour la voir.

Les épreuves ne manquent jamais à ceux qui sont appelés à une haute sainteté. Son ardent amour pour Dieu et l'éloignement du monde dans lequel elle vivait rendirent sa conscience un peu trop timorée; elle resta longtemps sans oser communier. Il y avait, dans le Couvent où elle était, une Religieuse qui, étant devenue aveugle, avait besoin de quelqu'un pour lui dire son office, car sa ferveur ne lui permettait pas de se contenter d'être présente au chœur quand la Communauté le récitait. Notre chère Mère s'offrit à lui rendre ce service et se sentit inspirée de lui ouvrir son cœur. Cette Religieuse avait un confesseur particulier que notre bonne Mère connaissait de réputation; elle lui ménagea l'occasion de lui parler. Après quelques entretiens, elle lui fit une confession générale, et il dissipa, pour le moment, toutes ses peines intérieures et les craintes excessives qu'elle avait sur son salut.

Le sentiment qui a toujours été dominant dans le cœur de notre vénérable Mère, par rapport à la divine Eucharistie, c'était un respect profond produit par une foi très-vive, une sainte frayeur qui, sans étouffer un amour tendre, mais discret, lui fit toujours suivre l'avis de notre bienheureux Père de Bérulle : « Qu'à l'égard de la sainte Communion il faut plutôt porter les âmes à la révérence qu'à la fréquence. » Dans sa jeunesse, elle ne dormait pas les veilles des jours où elle devait avoir le bonheur de communier.

Étant âgée de seize ans, il se présenta pour elle une alliance que sa famille souhaitait fort; la chose devait se faire prochainement, car notre chère Mère n'avait pas encore osé déclarer à ses parents la répugnance qu'elle sentait pour ce genre de vie et son désir d'être Religieuse. Son cœur eut de rudes assauts à soutenir dans cette conjoncture; elle tâchait d'apaiser les cris de la grâce qui l'appelait à une sainteté sublime, en se disant qu'après tout rien ne l'assurait qu'elle était vraiment appelée à la vie du cloître, et que, d'ailleurs, celui qu'on lui destinait mourrait probablement avant elle, puisqu'il était beaucoup plus âgé, et que, quand elle serait libre, elle se ferait Religieuse. Mais Dieu, qui veillait sur cette âme d'élite, manifesta bientôt sa volonté en frappant de mort subite celui auquel on voulait l'unir; aussi notre chère Mère, enhardie par ce trait de Providence, déclara positivement à ses parents qu'elle ne voulait pas se marier, et que son unique désir, depuis quelques années, était de se faire Religieuse.

Son père, quoique pieux et estimant les Ordres religieux, s'attrista d'une telle résolution et lui signifia, ainsi que sa mère, qu'elle n'aurait jamais leur consentement; il lui fallut donc se résoudre à attendre l'âge de vingt-cinq ans, époque de sa majorité, pour se donner au Seigneur selon la plénitude de ses désirs, elle qui, à peine adolescente, aurait voulu voler à l'autel pour s'immoler!

Elle entretint alors une correspondance assidue avec les Dames de la Visitation, qui répondirent obligeamment à toutes ses lettres; mais cette consolation n'adoucissait que bien faiblement sa position.

Un exemple frappant vint persuader de plus en plus notre chère Mère de l'illusion des plaisirs de ce monde. Pour une âme réfléchie comme la sienne, les souffrances et les malheurs d'autrui éclairent l'intelligence et font apprécier à leur juste valeur les biens de la vie. Une de ses compagnes d'enfance, élevée avec elle au Couvent de la Visitation, avait toujours soupiré après le moment où il lui serait permis d'en sortir, afin de jouir de sa liberté et de vivre selon ses goûts. Ce moment arriva; mais l'infortunée n'eut pas plutôt vogué quelques années sur la mer orageuse du monde, qu'elle s'en vint briser contre l'écueil des plaisirs et sa santé et sa vie même. Elle avait contracté une union qui la mettait à même de suivre tous les vains désirs de son cœur; aussi se livra-t-elle sans aucun frein à tous les attraits séducteurs du monde, surtout pendant les jours qui précèdent la sainte Quarantaine, jours de deuil pour l'Eglise et de joie pour les enfants de Babylone. Oubliant alors plus que jamais les leçons des saintes Religieuses qui avaient vainement tenté de la former à la vertu et les bons exemples de ses compagnes, elle semblait dire, avec les insensés de l'Ecriture : « Ne refusons rien à nos sens, car nous mourrons demain. » Elle ne croyait sans doute pas que ce terme fatal était si proche. Les bals, les festins et les divertissements de toute espèce vinrent en foule réjouir ce cœur auquel Dieu, tout grand qu'il est, ne pouvait suffire; ce qu'elle n'eût jamais voulu faire pour la pénitence, elle sut le faire pour contenter ses passions. Le

Carême approchait ; afin donc de ne point perdre un moment
de ces jours de folie, elle se refusa le repos, pendant plusieurs
nuits, méprisant l'effroyable lassitude et les souffrances qu'elle
éprouvait.

Le mercredi des Cendres, elle retournait à son hôtel, sachant à peine elle-même si le souffle de la vie n'allait pas
s'échapper de ses lèvres décolorées. Pourtant un reste de foi
la fait s'avancer vers la Maison du Seigneur dans l'équipage
et la toilette d'une mondaine ; ainsi parée, elle va, accompagnée de sa femme de chambre, recevoir les Cendres, puis,
rentrant dans ses appartements somptueux, elle se met sur
son lit et s'endort du sommeil de l'éternité !

Notre chère Mère se trouvait obligée de quitter fréquemment sa chère solitude pour aller dans la maison paternelle
passer quelques jours et habiter trois ou quatre mois, chaque
année, une jolie maison de campagne que ses parents avaient
à Creteil, où les réunions brillantes se répétaient souvent ;
elle y voyait le monde et en sentait de plus en plus la vanité,
quoiqu'il ne laissât pas de causer dans son esprit cette dissipation inséparable de son commerce, et qu'elle trouvât
même parfois quelque passagère satisfaction à ses plaisirs.

Un autre obstacle, suscité sans doute par l'ennemi de tout
bien, faillit anéantir pour jamais le pieux dessein de cette
âme de grâce. Le comte d'Artois, plus tard Charles X, désirait vivement avoir une terre appartenant à M. son père ;
comme l'affaire offrait quelque difficulté, il lui promit, au
cas qu'il consentît à la lui céder, trois places pour mesdemoiselles ses filles chez madame la comtesse d'Artois. Notre
chère Mère avait alors de dix-sept à dix-huit ans ; elle sentit
bien que, si cette proposition était acceptée par ses parents,
elle serait en grand danger de ne parvenir jamais au terme
de ses désirs, quand bien même elle aurait atteint l'âge de
sa majorité, et, le cœur serré de tristesse, elle se jeta entre
les bras de la sainte Vierge, se mettant avec confiance sous

sa protection et répétant souvent avec ferveur, à cette intention, le *Salve, Regina*. Elle fut exaucée ; les offres du comte
d'Artois ne furent pas acceptées par ses parents.

Vers cette époque, ses deux sœurs s'étant mariées, elle
dut rentrer définitivement dans la maison paternelle ; toutefois elle conserva son appartement au couvent des Bénédictines réformées, afin de s'y pouvoir retirer quand elle le
voudrait, jusqu'à ce qu'elle fût libre d'en suivre la règle
en s'y faisant religieuse.

Elle dut bientôt entreprendre avec sa mère et son frère
un voyage en Dauphiné pour visiter une de ses tantes, qui
venait de perdre son mari. Sa mère étant tombée malade à
Lyon, notre chère Mère, dont la piété filiale était aussi généreuse que tendre, se dévoua pour elle au point de ne pas
vouloir que d'autres l'approchassent ; aussi fut-elle réduite,
au bout de quelques jours, à se mettre elle-même au lit,
accablée de fatigue. Quelques soins et du repos les ayant
l'une et l'autre rétablies, elles continuèrent leur voyage et
arrivèrent chez leur tante, qui, restée veuve avec onze enfants, était plongée dans une amère tristesse. Cette dame,
dont la santé était altérée, profita de la compagnie de ses
nièces pour aller avec elles en Savoie, afin d'y prendre les
eaux.

Notre chère Mère trouva à Chambéry une nouvelle sorte
de plaisirs beaucoup plus agréables, à son avis, que ceux de
la grande capitale, parce qu'ils étaient moins contrariés par
l'étiquette. Les exercices de piété furent en grande partie
laissés de côté, dans ces circonstances, moins par volonté
que par une sorte de nécessité.

Ce ne fut pas sans quelques regrets que notre chère Mère
quitta la Savoie pour revenir à Paris ; l'espérance, cependant, d'embrasser son tendre père et de retourner respirer
l'air pur de la solitude dans sa petite chambre, au couvent

des Dames Bénédictines, rendit ses adieux un peu moins tristes. Passant par Grenoble, elle accompagna sa Mère et son frère à un dîner que leur offrit M. de Bérulle, premier président du parlement de cette ville, neveu de notre bienheureux Père le Cardinal, dont le souvenir et la sainteté allaient bientôt lui devenir si chers.

Une douce consolation lui était réservée dans cette ville. Elle fut admise dans l'intérieur du couvent des Visitandines, auxquelles leurs sœurs de la rue du Bac, à Paris, avaient fait pressentir sa visite; en conséquence, ces dames se munirent de la permission de leur Évêque pour la faire entrer. Sa Mère, craignant qu'elle ne voulût y rester, fut un peu contrariée de ce que cette faveur ne s'étendait pas jusqu'à elle; il lui fallut cependant se résoudre à laisser sa fille dans cette sainte compagnie pendant deux jours, car trois de ses cousines, dont l'une était religieuse et les deux autres pensionnaires, obtinrent cette grâce d'elle de vive force.

La fête de la respectable Supérieure se trouvant pendant ce temps-là, notre chère Mère participa aux innocentes satisfactions que les pieuses Visitandines goûtèrent en cette circonstance. Madame la Supérieure voulut même partager avec elle les jolis ouvrages que ses filles lui avaient offerts. Dès le soir de cette belle journée, madame de Soyecourt vint la chercher avec empressement et inquiétude; il lui fallut partir : elle retourna néanmoins encore une fois secrètement au parloir pour leur faire ses adieux.

Notre chère Mère n'eut cependant jamais aucun attrait pour l'Ordre de la Visitation, parce que, malgré toute sa reconnaissance et son affection pour les saintes Religieuses qui l'avaient élevée, Dieu l'appelait à embrasser une règle plus austère et un genre de vie plus retiré.

Dans le cours de ce voyage, le projet qu'avait notre Révérende Mère de se donner à Dieu dans la vie religieuse fut souvent révélé par les domestiques. Les blâmes ne lui manquèrent pas ; chacun savait trouver de l'éloquence pour lui persuader que, dans une position aussi agréable et même aussi brillante que la sienne, une pareille démarche serait une folie. Une personne lui représenta que ce serait s'exposer à bien des regrets, vu qu'il y avait apparence que, dans une dizaine d'années, la France aurait détruit ses couvents ; c'était en 1779 que, par une sorte de pressentiment, cette personne parlait ainsi. Notre chère Mère, entendant toutes ces choses, conserva toute sa fermeté, disant que, si cela arrivait, elle ferait comme les autres.

A son retour à Paris, sa joie fut bien grande d'embrasser son excellent père, qui, ayant toujours eu une prédilection marquée pour elle, avait trouvé son absence bien longue. Son frère, qui avait quitté madame de Soyecourt dans le voyage, pour accompagner un Évêque à la Grande-Chartreuse, arriva presque en même temps et combla de joie ses parents, qui, par une tendresse toute naturelle, craignaient que la tentation ne le prît d'y rester ; mais le Dieu qui choisit et qui rejette, et qui appelle ses Élus comme il lui plaît, ne le destinait pas apparemment à une si haute vocation. C'était sa sœur que le Seigneur abritait de son aile au milieu des périls du monde, qui devait bientôt aller se réunir au petit nombre d'âmes privilégiées que Dieu attire à la pratique des conseils évangéliques et qui comprennent cette parole du divin Maître : « Si vous voulez être parfait, allez, « quittez tout ce que vous possédez..., et vous aurez un trésor « dans le ciel, puis venez et suivez-moi. » (Matth., IX, 21.)

Les vœux et le cœur de notre chère Mère volaient vers sa petite chambre solitaire du couvent des Bénédictines. Lorsqu'elle y alla au retour de son voyage, elle fut très-bien accueillie par les Religieuses et par ses anciennes amies ; mais son séjour dans cette demeure de la paix ne fut pas de longue durée. Une nouvelle offre de mariage lui fut faite, et il fallut souvent que, par ordre de ses parents, elle prît part aux fêtes de Babylone.

Ici, ma Révérende Mère, je dois avoir la même simplicité qu'eut notre bien-aimée Mère en nous racontant ces petits détails : « *Au milieu de ces réunions brillantes, nous disait-* « *elle, et de ces relations que je me trouvais forcée d'avoir* « *avec les personnes de la cour, je pris peu à peu de leurs* « *habitudes et me laissai aller à une si grande recherche de* « *moi-même, que, évitant les moindres incommodités, j'en* « *vins au point de faire lever ma femme de chambre la nuit* « *lorsqu'un faux pli aux draps de mon lit blessait tant soit* « *peu ma délicatesse. La passion que j'avais eue autrefois* « *pour la parure reprit son empire; avec le désir de dire* « *adieu au monde, je ne laissais pas d'arborer un peu ses* « *enseignes et de courir après ses pompes, car, tout en res-* « *pectant les lois sévères de la décence, j'aimais à ce que* « *tout ce que je portais fût de bon goût et n'étais pas indif-* « *férente aux murmures flatteurs que ma présence provo-* « *quait. Au milieu, cependant, de ces futilités, le son d'une* « *cloche de couvent venait-il à frapper mes oreilles, un sai-* « *sissement involontaire s'emparait de tout mon être, et,* « *portant mes regards vers le ciel, je conjurais le Seigneur* « *d'avoir pitié de moi.* »

Il n'est pas étonnant, ma Révérende Mère, que cette âme, essentiellement pieuse et droite, souffrît profondément, en certains moments, de ce nouveau genre de vie, que sa position, cependant, semblait justifier; mais, ne sachant comment s'y soustraire, elle avait pris le parti de ne se présenter que rarement à la Table sainte; car, quoiqu'elle se tînt ferme autant que possible à ne pas se trouver aux bals et aux spectacles, elle sentait néanmoins qu'une fréquente réception du corps de J. C. ne s'accordait pas avec cette excessive recherche de soi-même, et cet amour des modes qui jette un esprit fait pour connaître et contempler Dieu dans un tourbillon de bagatelles. Quelquefois, après des journées de plaisir, quand elle rentrait le soir, la solidité de son esprit, jointe aux impressions de la grâce, lui faisait vivement sentir la profonde vanité de tous ces amusements qui, au moment de la mort, ne nous procureront que des regrets, et auxquels souvent des adversités inattendues viennent enlever toute leur douceur. C'est ce qu'elle comprit encore mieux par l'exemple de sa propre sœur, madame la comtesse d'Hinnisdal. Cette dame, ayant suivi son mari à l'ambassade de Naples, eut une petite fille pendant son séjour en ce pays. La reine de Naples, qui affectionnait singulièrement les Françaises, ne pouvait presque se passer de cette dame et voulut être marraine de sa fille, à laquelle elle fit don d'un riche collier de diamants au sortir des fonts du Baptême. Tout souriait donc à l'heureuse mère de cette enfant : les plaisirs, la fortune, les honneurs de la terre, les douceurs de l'amitié, les joies de la famille. Mais voilà que tout à coup un ver rongeur piqua la tendre fleur qui venait d'éclore au soleil de la félicité ; son petit ange s'envola au ciel peu de temps après sa naissance.

Notre chère Mère, qui eut toujours une prédilection marquée pour les enfants, sentit vivement cette perte, et, lorsque, au bout de deux ans, madame sa sœur revint en France, elle était encore toute triste et presque aussi affligée que la mère. Cependant, sans qu'elle-même s'en doutât, la grâce, par ces divers événements, opérait dans son cœur les impressions qui peu à peu devaient lui donner l'énergie nécessaire pour correspondre aux vues de Dieu sur elle, lorsque le temps de leur accomplissement serait arrivé.

Elle allait de temps à autre, avec la permission de ses parents, faire un jour ou deux de retraite au Couvent de la Visitation, où s'étaient écoulées si pieusement les premières années de son enfance. Là elle retrouvait, avec ses inclinations pour la vie religieuse, la liberté que, disait-elle une fois à ses amies, elle enviait aux bonnes femmes qui peuvent aller seules à l'Eglise autant qu'elles le veulent; car, avec l'étiquette si strictement observée dans sa famille, si elle désirait sortir même pour aller à confesse, il fallait et laquais et cochers pour l'accompagner, et puis, ce jour-là, la confession de mademoiselle faisait le sujet de la récréation des domestiques.

Comme le Couvent des Bénédictines, où elle avait sa petite chambre, était fort éloigné de chez elle, elle en avait loué une seconde au Couvent de Bellechasse, où elle allait de temps en temps. Ces religieuses, dites de Saint-Sépulcre, étaient ferventes et très-régulières. Mais notre chère Mère, depuis sa première Communion jusqu'à vingt-six ans, n'avait que le désir d'entrer dans l'Ordre de Saint-Benoît. Pendant les trois années qui précédèrent son entrée en religion, elle se mit sous la conduite d'un respectable ecclésiastique du clergé de Saint-Gervais, lequel, tout en s'appliquant à sonder sa vocation pour le cloître, cherchait, avant tout, à la maintenir dans les voies du Ciel, jusqu'à ce qu'il plût à Dieu de manifester ses desseins sur elle par la conduite de sa Providence.

« Si vous obtenez du Seigneur, lui écrivait ce digne Prê-
« tre dont la rigidité faisait en partie le caractère, la con-
« stance dans son amour et la persévérance dans la pratique
« des maximes de l'Évangile, vous serez plus forte que le
« monde, supérieure à ses caresses, insensible à ses me-
« naces. Vous saurez dire : « Mon Dieu, vous voyez les com-
« bats que j'ai à soutenir contre moi-même ; je sens toute
« ma faiblesse, j'ai recours à vous. Faites-moi, chaque jour,
« triompher des assauts que l'ennemi me livre. Je mets mon
« sort dans vos mains et je n'ai de confiance qu'en vous.
« Vous m'avez fait la grâce d'être une portion de votre
« héritage; aurais-je le malheur de la perdre. Non, mon
« Dieu, je m'attacherai toujours à vous. Plus forte que la

« mort même par votre amour, j'espère, comme vos saints,
« ne jamais me déprendre de toutes les résolutions que je
« formerai. Monde trompeur, disparaissez de mes yeux ; mon
« âme est plus précieuse que tout ce que vous m'offrez : je
« veux me sauver. Haïssez-moi, si vous le voulez. Je veux,
« par le secours que mon Dieu me présente, être toujours à
« lui et à lui seul. »

« Votre vocation, mademoiselle, lui écrivait-il en une
« autre circonstance, a besoin d'épreuve, comme j'ai eu
« l'honneur de vous en prévenir, et c'est ma tâche de vous
« suivre à cet égard. Si votre appel à la Religion est vrai,
« rien ne doit mieux me le faire connaître que la persévé-
« rance dans ce que vous annoncez, ce qui paraîtra lorsque,
« en rendant au monde les bienséances qui lui sont dues, et
« à votre respectable famille vos devoirs, vous vous en ferez
« un absolu de vous éloigner du monde, de ses plaisirs, de
« ses spectacles et de ses assemblées, dont l'esprit de J. C.
« est banni ; en un mot, en montrant l'exemple régulier de
« la vertu que vous aimez et que vous devez pratiquer sans
« respect humain. Votre sort, mademoiselle, m'occupera
« toujours devant Dieu, à qui je présenterai mes prières,
« pour que, soit dans le monde ou dans le cloître, vous
« soyez l'édification de tous. »

Ce digne Prêtre, voyant les grands obstacles que notre
chère Mère avait à vaincre du côté de sa famille pour embrasser la vie religieuse, crut apparemment y voir, un
moment, un signe que Dieu ne l'y appelait pas, et lui
écrivit :

« Le cloître ne pourrait vous convenir ; mais retenez-en
« les dispositions chrétiennes, qui peuvent vous être utiles
« en toute occasion. On peut se perdre dans le monde avec
« l'opulence et les richesses, mais jamais lorsque le Seigneur,
« justement prié, ouvre lui-même la bonne route qui mène
« au vrai bonheur. »

Ce fut néanmoins par l'avis de son Confesseur, frappé, sans doute, de sa persévérance dans ses pieux désirs, qu'à vingt-trois ans et demi elle demanda à ses parents d'aller passer quelques jours aux Bénédictines, sous prétexte de se disposer à la fête de Noël. Elle en obtint la permission, sous la condition expresse de revenir le lendemain de la fête, pour se trouver à un grand souper que devait donner sa mère. Notre chère Mère, une fois, au Couvent, résolut de n'en plus sortir. Elle écrivit à ses parents qu'elle les priait de la dispenser de se trouver à cette réunion et de la laisser entrer au noviciat, les assurant qu'elle ne ferait pas profession avant vingt-cinq ans. Elle remit les lettres à sa femme de chambre, lorsque celle-ci vint la chercher. Quand Mme de Soyecourt, qui était alors à sa toilette, eut lu cette missive, elle monta sur-le-champ en voiture, sans songer au négligé dans lequel elle était encore, et vint chercher sa fille, lui reprocha son peu de soumission et lui défendit expressément de parler désormais de sa vocation.

Notre chère Mère, l'âme profondément triste, rentra dans la maison paternelle où il lui fallut encore faire bonne contenance à la soirée. Elle patienta jusqu'à ce qu'elle n'eût plus qu'un mois à attendre pour avoir ses vingt-cinq ans ; mais alors, par le conseil de son Confesseur, elle déclara nettement à ses parents que, persistant toujours dans sa résolution d'entrer au Couvent, elle désirait aller passer quelque temps dans celui de Bellechasse, pour y consulter la volonté de Dieu dans le calme; que néanmoins elle ne refuserait pas, pendant ce temps, de se rendre chez eux quand ils la demanderaient pour être avec leurs amis, mais que, pour le grand monde, elle n'y paraîtrait plus et lui disait un éternel adieu. Inébranlable dans son projet, elle l'exécuta. Comme ce n'était qu'après avoir livré de nouveaux combats et triomphé d'elle-même qu'elle devait acquérir une paix solide et retrouver la douceur de ses premières émotions dans le service du Seigneur, elle fut, dans sa retraite de Bellechasse, dévorée de peines intérieures qu'on ne savait pas comprendre. Saisie de la terreur des jugements de Dieu à la vue de sa vie passée, elle ne pouvait même se résoudre à se confesser, ce qui peinait et affligeait fort les Religieuses. Enfin elle épancha son âme dans celle de l'une d'entre elles, qui l'engagea à s'ouvrir au Confesseur de la Communauté. C'était le P. Rufin, théatin, homme de beaucoup de mérite. Elle se confessa à lui non sans répugnance, et fit ses Pâques à la grande satisfaction de ces Dames.

Mais, à son avis, ce Confesseur étant beaucoup trop doux, elle chercha, sous de spécieux prétextes, à s'éloigner du Sacrement de pénitence, dont elle avait tant de besoin dans les dispositions où elle était. Et pourtant Dieu lui envoyait précisément, dans cet homme qu'elle cherchait à éviter, l'Ananie qui devait lui indiquer le sanctuaire de pénitence et de dévouement où il voulait qu'elle allât bientôt s'immoler. Ce bon Père ménagea certaines occasions pour la faire communiquer avec lui, et eut la consolation de rétablir la paix dans son âme. Elle lui fit une confession générale et lui parla de sa vocation pour les Bénédictines réformées; elle lui avoua, toutefois, qu'une chose l'en éloignait; c'étaient les fréquentes relations qu'on était obligé d'y avoir avec les Dames séculières pensionnaires dans l'intérieur du Couvent. « Où ne trouverez-vous pas cela? lui dit ce Père; « ce ne pourrait être qu'aux Carmélites. » A cette parole, notre chère Mère, transportée de joie, crut voir briller l'étoile du salut. — « *De grâce, mon Père*, lui dit-elle avec vivacité, *allez donc m'y proposer.* » Ce saint Prêtre le fit aussitôt, et, sur sa réponse, la jeune prosélyte s'alla présenter aux Carmélites de la rue de Grenelle; elle fut bien accueillie par la Prieure, la Révérende Mère Louise-Marie, qu'elle affectionna dès la première entrevue. Cette respectable Mère lui fit subir tout d'abord le salutaire examen qu'une sage prévoyance a

mis en usage pour s'assurer si quelque obstacle insurmon-
table n'empêchera pas d'ouvrir les portes du Carmel au sujet
qui sollicite cette grâce; elle répondit avec candeur et ingé-
nuité à toutes ses questions. — Mademoiselle, aimez-vous le
« poisson ? lui demanda-t-elle. — *Je le hais, madame.* —
« Et les œufs ? — *Je les déteste ; je fais maigre tous les ven-*
« *dredis, mais très-souvent j'ai la migraine le samedi.* —
« Comment voulez-vous donc être Carmélite ? lui repartit-
« elle. — *Madame, je ferai pénitence, c'est tout ce que je*
« *désire.* »

Quand Dieu veut une chose, il sait la faire réussir et
aplanir les difficultés. Il disposa donc le cœur de la Révérende Mère Louise-Marie à recevoir notre chère Mère. Son
extérieur était cependant si délicat, que son Confesseur craignait que ce ne fût un obstacle à son admission. Le jour qui
devait briser ses liens par son entrée aux Carmélites fut fixé
au 2 février, ses parents ayant exigé encore quatre mois de
délai.

Ce fut le jour de la fête de saint Denis qu'elle leur annonça
sa résolution d'être Carmélite. Le froid était très-piquant ;
aussi madame de Soyecourt, alarmée de voir sa fille commencer un tel genre de vie dans un hiver qui s'annonçait
fort rigoureux, s'écria : « Quelle folie ! » Et s'adressant à
son mari : « Je crois, lui dit-elle, qu'un père et une mère
« ont droit d'empêcher leur fille, à tout âge, d'en faire une
« pareille. » M. de Soyecourt parla à sa fille avec toute la
religion et la tendresse possibles, la priant de différer encore
quelque temps ; mais sa mère était dans une agitation extrême, disant qu'il lui était infiniment pénible de la voir
embrasser un état au-dessus de ses forces, et répétant toujours que c'était une folie. — « Vous avez raison, madame,
« reprit le père, plus sage, en comprimant la tendresse de
« son cœur profondément affligé à la seule pensée de cette

« séparation, vous avez raison d'appeler cette démarche une
« folie; mais c'est la folie de la Croix. Cet Ordre est ancien
« et solennellement approuvé par l'Eglise; je ne vois aucun
« motif pour empêcher ma fille d'y entrer, si Dieu l'y appelle
« et si c'est sa vocation. »

Disons un mot ici, ma Révérende Mère, de ce digne père,
qui réunissait en sa personne toutes les qualités qui font
l'honnête homme et le héros , et qui eut encore le bonheur
d'ajouter celles qui forment le parfait chrétien. Les honneurs
dus à son mérite et à sa bravoure lui ayant été refusés à la
suite d'une action des plus éclatantes et des plus périlleuses
où se puisse trouver un guerrier, il quitta le service étant
colonel de régiment, et satisfit, dans ses vastes domaines, la
passion qu'il avait de faire des heureux et de soulager un
grand nombre d'infortunes. Il était un continuel objet d'admiration pour ses vassaux, qui trouvaient en lui un modèle
et un père; sa bonté, sa charité éclataient surtout envers ses
domestiques, qui, d'après ses ordres, ne pouvaient s'exemp-
ter d'assister, fêtes et dimanches, aux offices de la paroisse :
il y était lui-même très-assidu , chantant avec un saint en-
thousiasme les psaumes et les cantiques du Seigneur, dont il
aurait souhaité que tout le monde pût, comme lui, comprendre le sens. La lecture de l'Ecriture sainte faisait ses délices.
Aussi bon père que bon époux , il apporta toujours les pré-
cautions les plus sages et les soins les plus tendres pour écar-
ter de ses enfants tout ce qui pouvait porter atteinte à leur
innocence. S'il n'eut pas la générosité d'Abraham dans le
sacrifice que le Seigneur exigeait de lui en la personne de
notre chère Mère , on peut dire néanmoins qu'il en eut
la foi.

« Je suis de votre avis, madame, écrivait-il à madame de
« Soyecourt, de mettre notre aînée en pension pendant no-
« tre absence, avec la condition, toutefois, de la reprendre, si
« je passe l'hiver prochain à Paris. Il faut choisir un Couvent

« où on lui inspire de bonne heure des sentiments de reli-
« gion ; il ne faut pas craindre qu'on en inspire trop : on
« en perd assez quand on est une fois dans le monde, et le
« plus grand malheur est de n'en point avoir. Comme les
« premières impressions sont celles qui restent le plus long-
« temps, il est essentiel de bien choisir ceux qui sont char-
« gés de les donner. »

Sa digne épouse, par sa brillante position et la tendre affection que toute sa famille lui portait, n'avait jamais connu
le malheur, jusqu'à ce qu'il plut au Seigneur, quelques années avant la révolution de 1789, de lui enlever subitement
son fils unique. Elle avait en horreur le vice de la médisance,
et on n'entendit jamais sortir de sa bouche un jugement dé-
favorable au sujet de personne ; elle avait toujours secondé
son mari dans la bonne éducation qu'il désirait que ses enfants reçussent. « Souvenez-vous, disait-elle un jour d'un
« air sérieux à son fils, qui s'amusait de la piété simple de
« son valet de chambre, souvenez-vous, mon fils, que celui
« que vous raillez en ce moment sera peut-être plus haut
« placé que vous dans le royaume de Dieu. »

Sa fille chérie, dont nous retraçons les vertus, aimait à se
rappeler que sa bonne mère, voulant quelquefois la satisfaire dans son désir d'aller à l'Eglise, l'y conduisait elle-
même, et, après quelques moments passés dans la prière, se
retournant vers elle : « En avez-vous assez, ma fille ? lui disait-
elle. — *Non, maman, pas encore*, lui répondait celle-ci. »
Alors fermant les yeux, joignant les mains et se rasseyant,
elle attendait un peu de temps et recommençait la question,
à laquelle la même réponse succédait, certains jours, jusqu'à
trois ou quatre fois. « *Elle avait la complaisance de rester*,
disait notre chère Mère, *jusqu'à ce que moi-même, tourmen-
tée par la crainte de la trop fatiguer si je la retenais davantage, je finissais par lui répondre* : Oui, maman, j'en ai
assez. »

Pardonnez-moi , ma Révérende Mère , cette digression , cet épanchement de cœur ; j'ai pensé que l'intérêt que vous portez à tout ce qui a rapport à notre Mère vénérée s'étendrait aussi sur ces quelques lignes consacrées à la mémoire de ses vertueux parents.

Il fut donc résolu que notre chère Mère attendrait encore quatre mois, comme nous l'avons dit ; elle regarda ce délai comme une épreuve qui lui venait non-seulement de la part de ses parents, mais encore du côté de Dieu, qui voulait s'assurer de son amour et de sa fidélité. Cette conviction l'encouragea beaucoup et lui fut très-nécessaire pour ne pas tomber dans les nouveaux piéges que devait tendre à sa constance l'ennemi de tout bien. Sa mère, qui aurait eu moins de peine à la voir Visitandine que Carmélite , sachant qu'elle conservait de fréquentes relations avec la Maison de cet Ordre où elle avait été élevée, engagea les Religieuses à le lui persuader : en effet, elles la revêtirent un jour de leur pieux costume ; mais bientôt elle fut forcée d'avouer qu'elle souffrait extrêmement depuis qu'elle l'avait. On lui tâta le pouls et on lui trouva assez de fièvre pour l'obliger à se mettre au lit. « *Vous voyez bien*, répétait-elle, *que le bon Dieu ne veut « pas que je sois Visitandine, puisque votre habit me donne « la fièvre. — Le bandeau ne pouvait m'aller*, nous disait « agréablement depuis cette chère Mère ; *il me fallait la li- « berté d'esprit des filles de sainte Thérèse.* »

Cependant sa famille mettait tout en œuvre pour lui procurer toutes les satisfactions imaginables pendant le temps qui lui restait à passer dans le monde ; et quels efforts ne faisait-on pas pour la dégoûter de sa vocation ! « On vous « procurera, lui disait-on, dans votre famille, un genre de « vie analogue à vos inclinations , et où vous pourrez vous « adonner aux bonnes œuvres. »

Elle fut dans le cas de se répéter souvent à elle-même qu'elle ne voulait pas donner à la nature la préférence sur son Dieu, car, de tous les assauts qu'elle eut à soutenir en public comme dans le particulier, le plus dangereux pour elle était celui de la tendresse de son cœur. On écrivit à son frère, plus jeune qu'elle de trois ans, officier au régiment de Royal-Cravate, la résolution où elle était d'entrer incessamment aux Carmélites. Voici la lettre qu'il lui adressa à ce sujet :

« Je viens d'apprendre avec la plus vive douleur la réso-
« lution que vous avez prise, ma chère sœur, de renoncer
« au monde; j'en ai pleuré aussi amèrement que si j'eusse
« reçu la nouvelle de votre mort. Je ne puis m'accoutumer
« à l'idée affreuse que vous allez pour jamais vous ensevelir
« dans un cloître. Ah! ma sœur! permettez à l'amitié d'un
« frère qui vous chérit plus que lui-même de chercher à
« vous détourner du projet que vous avez formé. Songez
« aux avantages que vous avez reçus de la nature et qui
« peuvent vous procurer l'existence la plus honorable selon
« le monde. Eh quoi! ma chère sœur, l'amour de Dieu est-
« il incompatible avec le goût du monde? Combien voyez-
« vous de femmes qui savent remplir les devoirs que l'on
« doit à Dieu et ceux qu'on rend au monde, et qui ne ces-
« sent de l'édifier par leurs vertus et par leurs exemples!
« D'ailleurs, comment votre santé délicate pourra-t-elle
« s'accoutumer aux austérités du couvent où vous voulez
« entrer? elle n'y pourra pas résister; j'aurai le malheur
« de vous perdre, et vous aurez à vous reprocher d'avoir
« causé la plus grande douleur à mon père, à ma mère, à
« votre frère, à vos sœurs, à toute votre famille, dont vous
« devez faire la consolation. Pardonnez-moi, ma sœur, des
« conseils que mon amitié me dicte, et qu'elle me fait don-
« ner à quelqu'un qui est plus en état d'en donner que
« d'en recevoir. Ma douleur et le désir de vous voir changer
« de façon de penser sont mon excuse; et, si vous persistez,
« ce sera une sœur que j'aime au delà de toute expression

« qui m'aura occasionné le premier chagrin violent que
« j'aurai éprouvé. » (Novembre 1785.)

Le piége était dangereux ; mais Dieu faisant reluire sur
notre chère Mère la lumière de sa grâce, elle ne fut point
ébranlée, et put dire alors avec le Psalmiste : « Je suis
comme un homme qui n'a pas d'oreilles pour entendre. »

Elle sut qu'une jeune Carmélite du Couvent de la Mère de
Dieu de la rue Chapon allait recevoir le voile noir ; elle y alla
dans l'équipage d'une jeune dame de ses amies, qui l'accompagna, et jouit du plaisir, si doux pour elle, de voir à loisir
cette cérémonie. Elle s'était auparavant recommandée aux
prières des Religieuses de la Maison, et leur avait annoncé sa prochaine entrée aux Carmélites de la rue de
Grenelle.

Le jour fixé étant arrivé, elle sentit qu'il fallait encore
exécuter secrètement son dessein, malgré la promesse que
lui avaient faite ses parents de la laisser libre dans quatre
mois. Elle alla le 2 février, accompagnée de sa femme
de chambre, au Salut chez les Carmélites ; elle la fit entrer
dans l'Eglise, tandis qu'elle-même pénétra, en cet heureux
jour, dans l'intérieur du Couvent, où elle reçut la bénédiction du saint Sacrement. Après le Salut, elle annonça,
à sa femme de chambre stupéfaite, qu'elle ne quitterait plus
ce saint asile, et lui remit des lettres qu'elle avait préparées
pour ses parents.

Transportée de joie d'avoir enfin pu quitter la plaine des
adorateurs du veau d'or pour voler dans la solitude du Carmel après laquelle elle avait tant soupiré, elle témoigna
avec effusion sa tendre reconnaissance à la Communauté qui
venait de lui ouvrir ses portes ; c'était un jour de triomphe
pour elle. La Religieuse désignée pour être son bon ange,
Sœur Louise-Thérèse, afin d'en consacrer la mémoire, composa à ce sujet la romance spirituelle qui suit :

Il fut un temps où de douces folies
Eurent à mes yeux des charmes séducteurs ;
Mais ce ne fut en moi que fantaisies,
Et Dieu daigna se conserver mon cœur.

Amour divin, tes attraits m'ont ravie,
Tu m'enivras d'un torrent de douceur ;
Heureux transports, céleste fantaisie,
Oui, pour toujours tu possèdes mon cœur.

Dans un repos plein de paix et de charmes,
Je vais à Dieu consacrer tous mes jours ;
Tout sera doux, même jusqu'à mes larmes,
D'un tel bonheur rien n'interrompt le cours.

Mourir pour Dieu est la plus belle vie,
Plaisirs sacrés, au monde inconnus !
Gardez, mondains, toutes vos fantaisies,
Vos folles joies ; laissez-moi les vertus.

L'amour tout pur vivra dans la patrie ;
Ah ! c'est là que je porte mes souhaits !
Là prendront fin toutes nos fantaisies,
Un jour constant brillera pour jamais.

Lorsque son père eut pris connaissance de la lettre qu'elle
lui avait fait remettre par sa femme de chambre, il lui répondit aussitôt :

« Quoique je fusse prévenu depuis longtemps, ma chère
« fille, du parti que vous avez pris, je n'en ai pas été moins
« touché lorsque j'ai reçu votre lettre. J'espérais que la der-
« nière conversation aurait peut-être pu opérer quelque
« changement en vous et vous ramener à des sentiments
« plus naturels et plus modérés, mais il semble que cela
« n'ait fait que précipiter votre départ. Je ne sais si je dois
« aller vous voir où vous laisser quelque temps à vous-même ;
« l'un et l'autre parti me coûtent également. Je suis per-

« suadé que ces âmes pieuses dont vous êtes environnée
« vont mettre tout en œuvre pour vous affermir dans votre
« résolution, et croiront se faire un mérite devant Dieu ;
« mais, en respectant le motif qui les fait agir, ne perdez
« pas de vue cette vérité si souvent répétée : qu'il vaudrait
« mieux édifier le monde par vos vertus que de les ensevelir
« dans l'obscurité d'un cloître. Quant à moi, si vous per-
« sistez, je vous aimerai toujours, mais je ne m'en conso-
« lerai jamais. ».

Il vint néanmoins le lendemain, avec son épouse, pour
voir sa chère fille. La Révérende Mère Prieure se rendit
d'abord au parloir. Le saisissement de ce bon père était tel,
qu'il lui fut impossible de proférer un seul mot ; mais son
épouse était dans une exaspération d'autant plus grande
qu'elle croyait ne pouvoir parler à sa fille que comme à la
Révérende Mère Prieure, la grille et les rideaux fermés.
L'entretien qu'elle eut avec la nouvelle postulante ne fut
pas des plus aimables ; mais Dieu revêtit celle-ci de l'esprit
de force pour soutenir le combat que la chair et le sang lui
livraient. Son père garda constamment un morne silence
jusqu'à son départ. Ils se retirèrent le cœur brisé d'amertume
et les yeux pleins de larmes.

Notre chère Mère, accoutumée à toutes ses aises, eut sans
doute beaucoup à souffrir dans son nouveau genre de vie ;
mais la joie qu'elle éprouvait de se trouver au port lui fit
mépriser courageusement tout ce que lui coûtait la possession d'un si grand bien : aussi la vit-on commencer sa carrière avec tant de ferveur, que, au lieu de l'exciter, il fallait
veiller à la retenir. Comme il faisait alors un froid excessif,
la terre étant couverte de neige à une épaisseur extraordinaire, on lui donna un matelas dans les commencements
pour la soulager un peu ; mais il lui parut si dur en compa-
raison de la couche délicate qu'elle venait de quitter, que,

bien des années après, elle disait agréablement qu'une paillasse à la Carmélite eût été au moins aussi douce.

Il est vrai, ma Révérende Mère, que la grande délicatesse de tempérament de cette chère postulante eût été un obstacle pour une autre moins courageuse qu'elle ; mais une énergie, une force de volonté extraordinaire, était un de ses traits distinctifs, et le Dieu qui l'appelait devait bientôt montrer que la grâce triomphe de la faiblesse de la nature. Les Dames Visitandines étaient si persuadées qu'elle ne pourrait vaincre cette raison de santé, que, quand on leur envoya le portrait que madame de Soyecourt fit tirer de sa fille avant sa profession, comme on leur annonça, en le leur portant, *mademoiselle de Soyecourt*, ces Dames, croyant que c'était elle en personne, s'écrièrent : « Nous l'avions bien dit qu'elle nous reviendrait. » Notre chère Mère soutenait néanmoins si bien le maigre, le jeûne, les épreuves et les autres pénitences, sa vocation d'ailleurs avait été si bien éprouvée, qu'au bout de trois mois on la trouva digne d'être revêtue du saint habit ; ·mais ses parents obtinrent de nos Révérendes Mères qu'on attendrait encore trois mois.

Les six mois écoulés, la prise d'habit fut fixée au samedi 24 juillet 1784. Monseigneur de Juigné, archevêque de Paris, fit la cérémonie, non sans s'être fait prier, parce que, pensant, comme tant d'autres, que la délicate Sœur Camille ne pourrait parvenir à la profession, il craignait de faire une cérémonie inutile. La jeune néophyte fut contrainte de paraître dans la chapelle extérieure, comme il est d'usage, et, de plus, selon sa condition. Elle était vêtue d'un habit de cour que lui avait prêté une de ses amies nouvellement mariée. Mais comme l'Époux divin auquel elle s'allait fiancer lui avait communiqué ses inclinations, et qu'il recherche par-dessus tout la beauté intérieure dans ses épouses, elle éprouva tant de gêne de ces grands atours, qu'elle parut excessivement fatiguée aux yeux de la nombreuse et brillante assemblée. Le

Père le Guay, Jésuite, fut chargé de prononcer le discours de vêture.

M. de Soyecourt n'eut pas la force d'assister à la cérémonie ; son épouse n'osa s'en dispenser à cause de Monseigneur de Juigné. M. le président Molé, membre de la famille, et M. le marquis de Feuquières, son oncle, servirent de témoins. Cet oncle aurait bien souhaité de lui faire accepter de temps en temps mille petits cadeaux ; mais sa chère nièce sentait trop le prix et le bonheur de la sainte pauvreté pour consentir à se rendre à ses offres.

Il serait difficile d'exprimer le contentement qu'éprouva notre chère Mère lorsqu'elle se vit revêtue des saintes livrées du Carmel ; son âme et son corps se sentirent si libres et si dégagés dans cette nouvelle captivité, que Sœur Louise-Thérèse, son bon ange, fut inspirée de chanter encore à la gloire de l'Époux des Vierges le bonheur dont elle jouissait, et composa l'ariette sacrée que voici :

Qu'en ces saints lieux mille sons d'allégresse
Fassent éclater notre commun bonheur,
Nous de t'avoir, et toi, dès ta jeunesse,
De t'immoler tout entière au Seigneur.

D'un faux éclat tu n'es point éblouie,
Le monde en vain te promet ses plaisirs ;
Son souffle impur ne t'aura point flétrie,
La vertu seule allume tes désirs.

Aimable fleur, dans nos champs transplantée,
Embaume-les des plus douces odeurs ;
Que de tes pas la trace parfumée
Fasse voler après toi mille cœurs.

Vaines parures, allez prêter des charmes
A des beautés insipides sans vous.

Pour triompher, Camille a d'autres armes
Et des succès plus nobles et plus doux.

Sous tes livrées, austère pénitence,
Est-il permis d'avoir autant d'attraits !
Humble beauté, sincère négligence,
Est-il un cœur qui résiste à tes traits !

Divine paix, recueillement tranquille,
Saint avant-goût des délices du Ciel,
Viens t'emparer de l'âme de Camille,
Fais-lui goûter le mets des immortels.

Viens la payer de tous ses sacrifices,
Viens couronner ses efforts généreux !
Dieu des vertus, accepte ses prémices,
Et dans un an mets le comble à ses vœux.

Notre chère Novice, fidèle aux moindres observances, trouva le centuple que N. S. promet aux âmes qui quittent tout pour le suivre, et, éprouvant les douceurs qui accompagnent les Croix de la vie religieuse, elle pouvait dire à Dieu avec le Prophète : « J'ai couru dans la voie de vos commandements, parce que vous avez dilaté mon cœur. » Cette âme ardente voulait, sans attendre la fin de son noviciat, s'engager, par un vœu secret, au joug du saint Amour ; mais son Directeur (M. de la Blandinière, grand vicaire et continuateur des Conférences d'Angers), homme prudent et éclairé, lui écrivit à ce sujet, quelques mois après sa prise d'habit :

« Je suis enchanté de la ferveur de vos premiers senti-
« ments ; vous volez sur les ailes de l'amour, la grâce de
« Dieu vous porte ; rien ne vous paraît difficile ; vous aspi-
« rez au plus parfait, et déjà vous voulez prendre des en-
« gagements indissolubles ; mais le P. Rufin (son Confes-
« seur, le même dont nous avons déjà parlé qui vint la
« proposer aux Carmélites), qui connaît mieux les voies de

« Dieu, vous a prudemment arrêtée, et votre petite adresse
« à vouloir me surprendre un consentement n'a pas réussi.
« Je sais qu'un grand feu s'amortit insensiblement, et qu'on
« trouve souvent, dans la vie religieuse, des Croix, des ob-
« stacles auxquels on ne s'attendait pas. Je vous connais
« cependant l'esprit assez bien fait pour ne voir dans vos
« Mères que des modèles, et dans vos compagnes que des
« amies et des vertus, etc. »

Notre chère Mère, en effet, ne regardait plus, en quelque
sorte, comme ses Mères et ses Sœurs que celles que la Religion lui avait données. Aussi cinq d'entre les Religieuses
étant venues à mourir, parmi lesquelles était sa cousine
Mme de Rupelmonde, dite Sœur Thaïs, ce coup retentit violemment dans son tendre cœur, qui n'avait pas encore acquis dans le sacrifice cet héroïsme qu'il connut si bien
depuis. A cette première épreuve en succéda une seconde.
La Révérende Mère Louise-Marie, sa Prieure, si chère à
son âme reconnaissante, tomba malade, et elle-même parut
un instant attaquée d'une maladie semblable à la sienne ;
mais une saignée au pied la remit presque entièrement.
Il n'en fut pas de même de sa vertueuse Prieure ; toute
la Communauté, alarmée, adressa pour elle au Ciel les
vœux les plus fervents. Notre très-honoré Père, M. l'abbé
de Rigaud, premier visiteur, vint pour la voir. Notre sensible et affligée Novice, qui n'espérait rien, à moins d'un
miracle, en cette pénible circonstance, l'entendant passer
près de l'infirmerie où elle-même était, s'alla jeter à ses
pieds en s'écriant : *Mon Père, mon Père, guérissez-la, je
vous en supplie !*

Un attachement si vif pour sa respectable Prieure, quelque
légitime qu'il pût être, n'en était pas moins trop humain ;
aussi donna-t-il matière à de salutaires avis de la part de ses
guides dans les voies du parfait renoncement auquel elle as-

pirait. M. de la Blandinière, instruit de son indisposition et du motif qui en était la cause, lui écrivit :

« Vous n'êtes donc plus, ma chère Novice, une merveille
« dans votre Maison, une brillante conquête pour le Car-
« mel ; on vous trouve un peu trop fille d'Adam par les sen-
« timents du cœur. J'ai bien demandé à Dieu qu'il vous
« donnât cette paix intérieure, ce calme de l'esprit qui vous
« sont si nécessaires. Je voudrais bien que ma lettre fût
« comme l'Ange qui, voyant la sainte Vierge dans le trou-
« ble, la rassura dans l'instant pour la rendre digne des
« grandes choses qui devaient s'opérer en elle. Ma chère
« fille, soyez généreuse ; vous dites que votre Révérende
« Mère est une sainte ; aimez-la en sainte. Nous aurons là-
« dessus bien des raisonnements à faire lorsque vous vous
« porterez mieux. Souvenez-vous seulement aujourd'hui
« que Dieu vous appelle à la perfection, et que les affec-
« tions trop vives y sont un obstacle ; Dieu veut tout notre
« cœur et que rien ne nous sépare de son amour. Les sen-
« timents que vous vous permettez ne vous en sépareront
« pas ; cependant, ma chère fille, quand Dieu veut que les
« personnes que nous aimons soient malades, quand même
« il nous les enlève, nous devons aimer jusqu'à l'accom-
« plissement de sa volonté. J'ai presque été tenté de faire
« à Dieu une prière contraire à celle du Prophète et de lui
« demander qu'il vous donnât *un cœur de pierre*, pour les
« créatures s'entend, et qu'il ne vous laissât *un cœur de*
« *chair* que pour lui. Si vous n'étiez pas de la secte des
« *invisibles*, je me serais transporté près de vous. Je crains
« pour votre santé, car, si elle se dérange, je vois le car-
« rosse de M. votre père à la porte pour vous enlever et vous
« décarméliser. »

« *Cette Prieure*, disait plus tard notre chère Mère, occu-
« pant elle-même la même charge, *avait toutes les qualités*
« *pour être aimée et pour aider à supporter les rigueurs*

« *d'une vie si contraire à la nature; elle me soutenait, et je* « *sentais vivement le besoin d'une personne comme elle.* » Enfin le Seigneur exauça les vœux de toutes ses filles qui la chérissaient, et lui rendit la santé.

Lorsque les Carmélites des Pays-Bas autrichiens, forcées, par la nécessité des circonstances, de s'arracher à leur patrie, vinrent sur la terre de France solliciter de nos anciennes Mères une hospitalité qui leur permît de vivre et de mourir parmi elles, l'auguste Mère Thérèse de Saint-Augustin (Mme Louise de France) fit demander à nos Révérendes Mères de la rue de Grenelle de recevoir, outre les six émigrantes de la Communauté de Termonde, parmi lesquelles était la Prieure, et qui vivaient déjà parmi elles, une Sœur converse, également Flamande et qui ne savait pas le français. La proposition fut acceptée. La bonne Sœur converse, qui, en arrivant, vit notre chère Mère en voile blanc, la prit pour une de ses compagnes d'office et, l'enlaçant de ses bras, la couvrit de larmes et de baisers, répétant avec effusion à chaque accolade : *Bon compagnon ! bon compagnon !* Notre chère Mère, après avoir ri comme les autres, manifesta le désir de fêter l'arrivée de son *bon compagnon*, qui, soit dit en passant, ma Révérende Mère, était borgne, boiteuse et estropiée de tant de manières, qu'il ne pouvait vraiment y avoir d'autre motif que celui d'une charité toute pure dans les réjouissances qui suivirent sa réception. Notre chère Mère obtint donc un jour de licence de la Révérende Mère Prieure, qui, pour compléter la joie de la bonne Sœur flamande en cet heureux jour, fit mettre devant elle un rouet tout neuf garni de fleurs et de rubans. Dieu récompensa dès ce monde le charitable dévouement de nos Mères pour cette bonne fille ; car, comme la vertu a plus de pouvoir, pour attirer la tendresse, que tous les agréments que peut donner la nature, la sainteté de cette pauvre infirme gagna tellement tous les cœurs, que la Communauté, au bout de peu de temps, regarda comme une faveur très-précieuse que la Divine Providence eût choisi leur Maison pour être le dernier asile de cette âme fidèle et pour y consommer ses vertus.

Une occasion s'offrit pour notre chère Mère de donner une preuve de son tendre amour pour Marie. Elle remarqua qu'il y avait des Saluts fondés dans son Couvent pour toutes les fêtes de la sainte Vierge, excepté pour celle de la Présentation; elle obtint la permission d'en fonder un qui commença d'être célébré en 1785. Ce fut ce jour-là qu'elle renouvela ses vœux pour la première fois.

Enfin, l'année du noviciat étant expirée, notre chère Mère fut reçue à la profession avec les transports d'une sainte joie, comme une Sœur tendrement chérie. Quant à elle, elle s'estimait si indigne d'une telle grâce, qu'un ouragan ayant causé un grand bruit dans la nuit qui suivit sa réception, elle crut que c'était une marque que Dieu n'agréait pas qu'on l'eût admise. M. de la Blandinière, autorisé par Monseigneur de Paris, fit son examen et déclara par écrit que sa vocation était toute divine. Comme; ce jour-là, on sortait du Couvent et qu'on passait la journée dehors, plusieurs personnes, spécialement de sa famille, vinrent pour la voir, de sorte que son excellent père ne put parvenir à jouir de sa fille, et s'en retourna tout triste et affligé, ce qui fut bien sensible au cœur de notre chère Mère.

Quelques jours après, sa mère vint dans l'intention de faire faire son portrait; on ne put le lui refuser; mais ce ne fut pas une petite épreuve pour la chère Novice. Ce fut aussi dans ces circonstances que Mme de Soyecourt lui dit : « Songez, ma fille, que vous ne pourrez soutenir longtemps « une vie aussi pénible, et, lorsque vous vous verrez mourir, « vous aurez du regret d'avoir ainsi abrégé vos jours. » Notre chère Mère lui ayant répondu gaiement que mourir bientôt était tout son désir, cette mère affligée prit pour une parole de désespoir la réponse de sa fille, et, par ordre de Monseigneur l'Archevêque de Paris, l'ancien Evêque de Senez, Monseigneur de Beauvais, vint lui faire subir un nouvel examen.

Je ne crois pouvoir mieux faire, ma Révérende Mère, que de transcrire ici ce que dit, à ce sujet, M. de Sambucy, dans la vie qu'il écrivit de Monseigneur de Beauvais :

« L'année du noviciat de la Sœur Thérèse-Camille s'écoula
« à travers toutes les craintes de la sollicitude maternelle.
« Sa mère, voyant approcher le moment du dernier sacri-
« fice, se persuada plus vivement encore que sa fille allait
« être ensevelie pour toujours ; un Monastère était à ses yeux
« un affreux tombeau. La privation d'un objet si digne de
« leur tendresse avait, depuis un an, fait couler beaucoup de
« larmes, et coûté bien cher au cœur du père et aux en-
« trailles de la mère. Ils firent donc une dernière tentative
« auprès du pieux Archevêque de Paris, quelque temps avant
« l'époque de la profession, résignés néanmoins à se sou-
« mettre à la décision du prélat après un nouvel examen.
« Monseigneur l'Archevêque confia cette fonction à l'ancien
« Evêque de Senez ; ce choix fut agréé des parents, qui l'ac-
« ceptèrent volontiers pour être l'arbitre de la vocation de
« leur fille. Le prélat se rendit auprès d'eux, écouta avec
« bonté tous leurs doutes et toutes leurs appréhensions ; il
« discuta toutes leurs raisons avec une admirable patience ;
« ensuite il interrogea la Sœur Thérèse-Camille, qui lui ou-
« vrit son cœur, lui exposa ses besoins, ses désirs et tous les
« motifs de sa persévérante détermination. « *Monseigneur,*
« *disait-elle, mes parents se sont persuadé que je vais en-*
« *trer dans un tombeau ; ils ignorent donc que le calme de*
« *l'âme et la paix du cœur sont les meilleurs auxiliaires*
« *d'une longue vie et le plus doux contre-poids des austé-*
« *rités du cloître. Détrompez-les, Monseigneur, je vous en*

« *conjure; persuadez-leur de faire généreusement ce sacri-*
« *fice à Dieu. Si vous adoucissez leur peine par vos con-*
« *solantes paroles, vous doublerez mon bonheur.* »

Confident du courage de la jeune néophyte et de la tendresse de ses parents, le prélat eut lieu de s'applaudir du
succès de sa mission ; il porta l'agrément des parents à Monseigneur l'Archevêque de Paris, qui autorisa notre digne
Mère à faire profession.

Ce fut le dimanche 31 juillet 1785, à l'âge de vingt-huit ans,
qu'elle se lia irrévocablement, par les vœux solennels de la Religion, à celui que, depuis l'âge de onze ans, elle avait choisi
en son cœur pour son époux. Sa respectable et bien-aimée
Mère Prieure, la Révérende Mère Louise-Marie, avant de
recevoir ses engagements, lui adressa ces paroles :

« C'est à ce moment heureux que vous pouvez et que
« vous devez même vous écrier, avec J. C. entrant dans le
« monde : Me voici, ô mon Dieu, pour accomplir votre vo-
« lonté sainte, et votre loi est gravée au milieu de mon
« cœur. Il vous a fait connaître cette volonté adorable dès
« votre enfance, et la loi de son amour s'imprimait dès lors
« dans le fond de votre âme ; c'est elle-même aujourd'hui
« qui vous conduit à l'autel pour vous offrir à la Majesté
« suprême comme une victime d'holocauste. Par ce sacri-
« fice, vous allez être unie à J. C. d'une manière indisso-
« luble, en sorte que désormais vous ne devez plus vivre
« que pour lui, comme lui-même vit pour son Père. Pour
« recevoir perpétuellement cette vie divine, il faudra conti-
« nuellement vous renoncer vous-même, et c'est ce que
« vous allez promettre solennellement. Par le vœu de pau-
« vreté, vous renoncez non-seulement aux richesses, aux
« honneurs et aux commodités de la vie, mais même au
« désir de les posséder. Il ne vous sera plus permis de con-
« tenter cette noble inclination qui vous porte à faire plai-

« sir. Toute votre gloire , votre bonheur , votre richesse ne
« consisteront qu'à suivre et à imiter J. C., pauvre et dénué
« de tout. L'obéissance, comme vous le savez, anéantit toute
« volonté propre pour la soumettre à celle de Dieu. Votre
« règle, vos constitutions, la volonté et même les désirs de
« vos supérieurs, voilà la sainteté à laquelle vous devez par-
« venir. Demandez à Dieu, avec toute l'ardeur dont vous
« êtes capable, un amour si pur et si fort, qu'il consume en
« ce moment tout ce qui pourrait encore mettre obstacle à
« la perfection de votre sacrifice. Ne retenez rien de la vic-
« time que vous allez offrir. Que la grâce de votre consé-
« cration se renouvelle en vous chaque jour et rende toutes
« vos actions dignes de l'Epoux de votre âme. Qu'à l'exem-
« ple du grand saint Ignace , dont nous célébrons la fête ,
« toutes vos pensées, toutes vos paroles et vos œuvres ne
« soient plus que pour la plus grande gloire de Dieu. De-
« mandez aussi , avec la plus grande confiance , à la sainte
« Vierge de vous présenter à son divin Fils , afin que lui-
« même vous offre à son Père céleste comme une hostie
« digne de sa grandeur, et que , après vous avoir enrichie
« du trésor de ses mérites pendant votre vie, il la couronne
« à jamais dans le séjour de sa gloire. Ainsi soit-il. »

Ma Sœur Louise-Thérèse ne pouvait manquer de peindre,
avec son talent ordinaire , le bonheur de cette nouvelle
épouse du Roi de gloire ; elle composa , dans cette vue , les
strophes suivantes :

Le Carmel ému d'allégresse
Retentit des plus doux accords,
Et le Ciel même s'intéresse
A ses plaisirs, à ses transports.

Épouse du Roi de la gloire,
Qui pourrait dire en ce beau jour

> Et tes triomphes et la victoire,
> Et ton bonheur et ton amour?
>
> Tu méprises la vaine image
> Des faux plaisirs, des faux honneurs,
> Et le Seigneur reçoit l'hommage
> Et de tes vœux et de ton cœur.

Le jour solennel de la prise de voile ayant été fixé au 18 août de la même année, le Révérend Père le Guay fut encore choisi pour faire le discours de cette profession publique qui engageait alors les Religieuses civilement. L'ancien évêque de Senez le pria de donner son beau discours sur le sacrifice d'Abraham, et fit lui-même la cérémonie de la prise du voile noir; mais, avant de prononcer les prières sacrées, il fit une allocution admirable dont je ne citerai que ce seul passage, les bornes d'une circulaire ne me permettant pas de le transcrire en entier :

« Quel spectacle consolant pour la Religion et pour la
« vertu! Quelle précieuse victime vient se présenter à cet
« autel! une victime ornée de tous les dons de la grâce et
« de la nature, une jeune vierge à qui sa naissance, sa for-
« tune, sa vertu et ces agréments innocents qui embellissent
« aux yeux des hommes la vertu même; une jeune vierge à
« qui tout assurait, dans le monde, le sort le plus heureux
« et le plus brillant, élevée dans la gloire et les délices du
« siècle, et qui s'arrache des bras d'une famille chérie pour
« s'ensevelir dans la retraite la plus austère (car elle a
« voulu que son sacrifice fût entier; entre tous les Ordres
« religieux, elle a choisi le plus austère, ainsi que le plus
« saint). Mon Dieu, soyez béni des merveilles que votre
« grâce renouvelle encore quelquefois au milieu du refroi-
« dissement de la piété et de la décadence de la foi pour la
« consolation de l'Eglise!

« Ma très-chère fille, vous aviez donc formé, dès l'âge le
« plus tendre, ce saint projet de vous consacrer à J. C.; mais
« les auteurs de votre vie avaient cru devoir suspendre votre
« sacrifice. Quoiqu'ils aient contredit votre pieuse ardeur,
« rendez grâce à leur tendresse et à leur prudence; plus
« votre sacrifice était généreux, plus il était nécessaire d'é-
« clairer votre vocation et de l'éprouver. Enfin, ma très-chère
« fille, après s'être assurés, par de longues épreuves, de la
« vérité et de la constance de votre vocation, les arbitres de
« votre destinée ont cédé, en gémissant, à votre persévé-
« rance. Confident de leur tendresse et de votre courage,
« combien je me félicite d'avoir été admis dans cette sainte
« négociation, d'avoir pu concilier les droits du sang avec
« ceux de la piété, et d'avoir eu du moins cette part à votre
« sacrifice et à votre sanctification.

« Mais, pendant que la religion applaudit à votre bon-
« heur, combien ce sacrifice paraît douloureux à la nature
« quand on aperçoit auprès de l'autel une jeune vierge
« qui pouvait jouir de tous les agréments du siècle, et qui
« se dévoue aux rigueurs du cloître! Quand on considère
« ces veilles, ces jeûnes, ces macérations, cette captivité
« perpétuelle, ces engagements irrévocables qui ne doi-
« vent finir qu'avec la vie, on gémit sur le sort d'une vic-
« time innocente. Et nous-mêmes, malgré toute la fermeté
« que doit nous inspirer notre divin ministère, dans un
« premier mouvement de sensibilité, nous ne pouvons nous
« empêcher d'être attendris. Cœurs sensibles, consolez-
« vous, ne vous laissez pas tromper par les apparences;
« que votre âme s'élève en ce moment au-dessus des sens;
« vous voyez les croix, mais voyez aussi l'onction divine
« qui les adoucit. Avec les rigueurs de la vie religieuse,
« connaissez aussi ses consolations, le bonheur et les saints
« plaisirs qui sont cachés sous cet extérieur effrayant. Je
« ne viens point vous dissimuler les rigueurs de l'institut

« que cette vierge innocente a le courage d'embrasser.
« Non, il n'en est point dans l'Église qui mortifie plus les
« sens et la nature ; c'est la gloire, c'est la perfection du
« Carmel. Ou souffrir ou mourir ! voilà la devise sublime
« des Filles de Thérèse. »

Le Prélat, après avoir rappelé aux Religieuses le jour
heureux de leur irrévocable alliance avec leur céleste Epoux
et ranimé au fond de leurs âmes la ferveur de leurs premières années, termina par ces dernières et touchantes paroles :

« Tendres parents, tendres amis, vous ne pouvez donc
« plus être alarmés sur le sort d'une tête si chère ; elle
« sera donc heureuse ! mais, hélas ! elle le sera sans vous.
« Vous ne la posséderez plus ; les murs de cette enceinte
« sacrée vont la séparer de vous pour jamais. Nous parta-
« geons votre juste douleur, nous sentons combien la pri-
« vation d'un objet si digne de votre tendresse doit coûter
« cher au cœur d'un père, aux entrailles d'une mère et de
« ses amis. Mais telle est la volonté du Ciel : vous ne serez
« pas moins magnanimes que votre enfant ; vous feréz à
« Dieu votre sacrifice avec le même courage qu'elle a fait
« le sien.

« Mais que dis-je? cette fille chérie ne sera pas perdue
« pour vous ; du fond de sa retraite, toujours elle vous
« sera unie par la piété filiale et par une sainte amitié ; car
« à Dieu ne plaise que l'amour divin dont elle est animée
« affaiblisse jamais dans son cœur les sentiments qu'elle
« vous doit ! ils sont aussi des devoirs sacrés. Toujours les
« droits du sang subsistent sous les lois de la grâce. Son
« amour pour Dieu ne fera que purifier et perfectionner
« son amour pour vous ; toujours elle sera votre fille, votre
« sœur, votre amie la plus tendre et la plus fidèle ; tou-
« jours elle sera devant Dieu la bénédiction et la gloire de
« son illustre famille.

« Vierge magnanime, venez donc couronner votre sacri-
« fice, venez vous présenter avec confiance à l'autel où
« votre Dieu vous attend, venez recevoir de nos mains le
« voile sacré, le voile nuptial de votre alliance avec l'Époux
« céleste; venez que je place sur votre front le diadème de
« la sainte virginité, le gage de la couronne immortelle
« que J. C. a réservée à ses fidèles Épouses. »

Après la cérémonie, l'acte fut signé par le digne Prélat
qui venait de la célébrer, par M. Delaunay, archidiacre de
l'Église de Notre-Dame de Paris, supérieur de la Communauté, et par le père et l'oncle de la nouvelle professe. Le
Révérend Père Rufin, son confesseur, assistait à la cérémonie. Deux jours après, il revint la voir et lui apprit que
deux personnes, qui ne s'étaient pas confessées depuis longtemps, avaient été si touchées à la vue de sa prise de voile,
qu'elles étaient ensuite venues le trouver pour s'acquitter
de cet indispensable devoir, disant qu'elles voulaient s'a-
dresser au confesseur de la jeune professe.

Elle conserva jusqu'à la mort un petit billet qu'une des
religieuses émigrées flamandes lui écrivit pendant sa retraite de profession ; il était ainsi conçu : « Je vous fais pré-
« sent de ces trois épingles pour attacher votre voile noir ;
« elles peuvent vous faire souvenir des trois clous avec les-
« quels vous désirez vous attacher à la croix de votre cher
« Époux : je veux dire par vos trois vœux. Souvenez-vous
« de moi particulièrement le jour de votre sacrifice. Je ne
« manque pas aussi de prier pour vous. »

Notre chère Mère, inondée des plus pures délices, voyant
arriver pour elle les jours de paix et de bonheur après lesquels elle avait tant soupiré, résolut de se tenir cachée dans
le secret de la face de Dieu, pour y goûter tranquillement
les joies de la solitude. Sa modeste cellule était, à son égard,
comme le tabernacle où, à l'imitation du Dieu caché dans

nos temples, elle s'immolait perpétuellement au milieu des flammes de l'amour, s'offrant pour ses propres péchés et pour ceux de ses frères.

Les deux hivers qui suivirent sa profession furent des plus rigoureux qu'on eût vus depuis longtemps. Sa délicatesse naturelle en souffrit beaucoup. Un soir, en sortant de Matines, n'étant encore que novice, elle entra au chauffoir et approcha ses pieds si près du feu, qu'une de ses chaussures de laine en fut endommagée. Elle fut réprimandée de cet accident comme d'une faute qui portait atteinte à la pratique de la sainte pauvreté. « Mais, disait-elle plus tard en « riant, je fis réflexion qu'il était beaucoup plus facile de « raccommoder ma chaussure que mon pauvre pied, dont « la peau avait été enlevée. » Le feu intérieur de la grâce soutenait notre chère Mère pendant ces temps pénibles. Elle était troisième sacristaine, et il faisait un froid excessif dans son office. De plus, elle allait aux travaux communs, et les jours de lessive les glaçons pendaient quelquefois aux doigts des laveuses. La maison étant spacieuse et très-élevée, on montait le linge par une poulie pour le mettre sécher au grenier. Notre bien-aimée Mère, en qui le courage suppléait à la force, tirait à son tour les paniers de linge et aidait à l'étendre. Il est clair que cela devait lui être plus pénible qu'à d'autres qui eussent été de bonne heure accoutumées à une vie dure. Le Seigneur néanmoins soutenait sa santé ; elle faisait la règle en son entier, ce qui semblait presque miraculeux. Elle aurait bien voulu suivre son attrait pour quelques pénitences extraordinaires ; mais la barrière de l'obéissance y mettant opposition, elle grava en son cœur et mit en pratique ces paroles de Notre-Seigneur à la Mère Françoise :

« Je suis venu au monde pour faire comme les autres « hommes ; je veux que vous vous conformiez à la règle.

« Je regarde celles qui travaillent avec plus d'amour, et

« non pas celles qui en font le plus, car l'amour est ma
« mesure.

« Je ne veux plus que vous ayez d'amour que pour moi.
« J'ai bien voulu me livrer aux Juifs pour être tour-
« menté ; ne vous étonnez pas que je me livre à vous pour
« être aimé. »

La considération des miséricordes du Seigneur dont notre
chère Mère se voyait environnée l'occupait entièrement, la
pressait sans cesse de redoubler de ferveur. Elle avait déjà
pratiqué dans le monde un grand nombre de bonnes œuvres et soutenu de terribles combats pour embrasser la vie
religieuse ; mais tout cela ne lui paraissait rien ; elle pouvait
dire avec l'Apôtre saint Paul : « *J'oublie tout ce que j'ai fait,*
« *et ne songe qu'à ce qui me reste à faire.* » Les Supérieurs,
admirant les grâces que Dieu lui faisait et sa fidèle correspondance, ne la ménageaient en rien. Sa Mère Prieure avoua,
quelques années après sa profession, qu'elle ne la trouvait jamais sans fièvre. Elle en était une fois très-fortement attaquée,
et cependant elle soignait une malade à l'infirmerie. Le médecin, étant venu pour la malade, vit en même temps notre
digne Mère, et déclara que sa position exigeait qu'on lui donnât promptement les soins les plus assidus et qu'il fallait la
mettre elle-même au lit. Ainsi la Révérende Mère Thérèse
de Saint-Augustin (madame Louise de France), qui, en apprenant son entrée aux Carmélites, avait recommandé qu'on
ne la ménageât pas trop à cause de son extrême délicatesse
et de la noblesse de sa famille, put être tranquille à cet égard.
La robe de bure dont on la revêtit était si lourde, qu'elle
était obligée, pour la mettre sans que ses reins pliassent des-
sous, de se placer sous le clou où elle était suspendue.

Il n'y avait pas un an qu'elle avait eu le bonheur de prononcer ses vœux, lorsqu'une mort soudaine et prématurée
vint frapper son frère bien-aimé au milieu de sa jeunesse et

de sa gloire; il fut enlevé en quelques heures par un coup
de sang, à l'âge de vingt-cinq ans et demi, deux jours après
avoir quitté sa famille, qui l'idolâtrait, pour rejoindre le régiment dont il était officier. Ce jeune seigneur édifia dans
ses derniers moments le Prêtre qui l'assista, et s'était déjà
signalé par plusieurs traits de bienfaisance. L'ancien évêque
de Senez, devenu le meilleur ami de la famille, fut encore
son consolateur au milieu des angoisses que lui fit éprouver
la perte de ce fils unique et tendrement chéri. Son incon-
solable mère, en perdant l'objet en qui elle existait plus
qu'en elle-même, se tourna du côté de la Religion et régula-
risa une fondation de Messes à perpétuité dans la Communauté de sa fille. Lors du rétablissement de notre Carmel,
notre chère Mère eut soin de rendre madame de Soyecourt
participante du saint sacrifice qui s'offre encore, chaque semaine, à cette intention, fonda un service annuel pour l'âme
de son vertueux père, et obtint qu'on récitât un *De profundis* suivi d'une Oraison particulière pour eux à la suite de
nos Saluts; elle-même maintenant aura part à ces bonnes
œuvres, outre toutes celles que la reconnaissance de notre
Communauté à son égard nous fera un devoir de ne jamais
omettre. Son nom et celui de ses parents, associés dans une
commune prière, seront dorénavant recommandés ensemble
au Dieu de miséricorde.

Le temps où arriva le triste événement qui ravit à cette
illustre famille le seul héritier de son nom et de sa gloire
fut pour notre chère Mère une nouvelle preuve de sa vocation, car son âme aimante lui disait que, si ce malheur avait
eu lieu avant sa profession, il lui eût été bien pénible de refuser à ses parents de rester auprès d'eux, d'autant plus que
son beau-frère, depuis longtemps malade de la poitrine,
mourut aussi quelques jours après.

La grâce lui fut offerte alors avec un surcroît d'abondance, et Dieu la combla de faveurs si consolantes, qu'elle n'avait pas de plus grande joie que d'être en adoration en la divine présence de Jésus, afin de répondre à l'amour qui l'enchaîne perpétuellement sur nos autels.

Elle fut à même de suivre encore plus à loisir son attrait pour le silence et le recueillement, lorsqu'on la fit passer de l'office de la sacristie à celui des tuniques ; elle était toute joyeuse de son nouveau genre d'occupations, et trouvait qu'elle était bien favorisée d'avoir si peu de choses, même nécessaires, à dire, que, quand la récréation arrivait ; elle n'avait quelquefois pas encore ouvert la bouche ; et, ce qui nous révèle encore une belle disposition de son âme, c'est que *cet office lui plaisait*, disait-elle, *parce qu'elle avait entendu dire qu'on le donnait aux plus incapables de la Communauté*. Comme elle aimait beaucoup l'ordre et le travail, après avoir satisfait à ses devoirs, elle employait le temps qui lui restait à faire des analyses religieuses et des extraits de retraite qui furent très-utiles dans les commencements de notre fondation. Sachant aussi parfaitement le dessin, elle utilisait ce talent en peignant sur vélin de pieuses miniatures emblématiques, aimant surtout à retracer le doux symbole du Cœur de Jésus surmonté d'une croix et entouré d'épines. Notre chère Mère ayant toujours eu beaucoup d'attrait pour ce genre de travail religieux et agréable tout à la fois, celles d'entre nous qui pouvaient s'y adonner étaient heureuses, en exécutant ces objets de piété, de lui donner cette légère marque de leur tendre et sincère attachement ; elle-même distribuait avec bonheur ces petits présents *à ses meilleurs amis*, disait-elle, *parce qu'elle en était fort avare*. Aussi, quelque temps avant la maladie qui précéda sa mort, s'examinant sur le dégagement intérieur, elle disait, avec sa candeur ordinaire, à une de ses Religieuses :
« *Oh ! comme toutes les choses de ce monde paraissent mé-*
« *prisables, ma fille, quand on est, comme moi, sur le bord*

« *de son éternité! Pourtant*, ajoutait-elle, *je sens que j'aime*
« *encore beaucoup les pieux emblèmes auxquels nos Sœurs*
« *réussissent si bien!* »

Notre chère Mère, après avoir supporté pendant quelques
années sans interruption le jeûne et le maigre , fut ensuite
visitée par le malaise et la douleur; soutenue, d'ailleurs, par
les consolations spirituelles dont son âme était toujours inondée, surtout après la sainte Communion, elle supporta son état
de langueur avec un courage peu commun, et accepta sans résistance les remèdes et les soins qui lui furent prodigués pour
son rétablissement. Un jour, comme elle travaillait, avec
d'autres, à la confection d'un ornement noir, chacune se demandait quelle serait celle pour qui on l'étrennerait; elle
sourit agréablement en entendant sa Mère Prieure dire en
soupirant : « Hélas! je crains bien que ce ne soit ma pauvre
Sœur Camille ! »

Mais, comme si les maladies ne pouvaient être des croix
suffisantes pour une âme comme la sienne, son divin Epoux
la prit, ainsi que ses Mères et ses Sœurs, par tout ce qui
pouvait leur être le plus sensible.

Un sombre orage gronde sur la France, la terrible révolution de 1789 éclate et fait présager aux enfants du vrai Dieu
une transmigration semblable à celle de son ancien peuple;
les barrières sacrées qui séparent Jérusalem de Babylone
vont être ouvertes; les filles de Sion chassées du Paradis terrestre, exclues de la terre promise et renvoyées en Egypte.
C'est dans ces jours nébuleux , au milieu de cette mer orageuse , qu'il nous faut maintenant considérer notre chère
Mère, après l'avoir suivie huit années au milieu de la paix ,
des délices pures et des saintes joies de la Religion.

Voici, ma Révérende Mère , des souvenirs bien pénibles à
retracer, des événements bien déplorables à décrire!

La suppression des vœux, décrétée en 1789, et la demande
des archives pour s'emparer des biens ecclésiastiques, furent,
aux yeux de nos anciennes Mères, des signes funestes qui ne
leur firent que trop pressentir les malheurs dont elles étaient
menacées et qui les accablèrent, en effet, en 1792. Ne voulant cependant négliger aucun moyen, elles envoyèrent l'a-
dresse suivante à l'Assemblée nationale de la part de toutes
les Carmélites de France :

NOSSEIGNEURS,

Nous demandions à Dieu le succès de vos travaux, la conservation du Roi et la prospérité de la France, lorsqu'on est
venu nous signifier que, dans les Communautés des deux
sexes, vous aviez suspendu l'émission des vœux. Il ne nous
appartient pas de juger les motifs qui vous ont fait prononcer cette suspension; les termes du décret nous font espérer
qu'elle ne sera que passagère, et, en attendant que votre sagesse la révoque, notre devoir est de nous y conformer.

Mais on veut nous persuader que la destruction de plusieurs maisons religieuses entre dans le projet de l'Assemblée
nationale, et que, malgré tout ce qu'un pareil projet a d'a-
larmant pour le repos des cloîtres et la tranquillité des familles, l'effet en est plus prochain que nous ne pensons.

Serait-il possible, Nosseigneurs, que des établissements
dont les uns sont si favorables à la religion par la charité,
les autres si nécessaires au sexe par l'éducation, tous si utiles
à l'innocence par la retraite, fussent irrévocablement pros-
crits? Aurions-nous à craindre qu'un Ordre qui, dans tous
les temps, a mérité la protection des souverains, l'estime des
peuples, la reconnaissance de tant d'individus fût dévoué à
une réduction désastreuse, et souffrirez-vous qu'une maison

où, en refusant toute distinction, la tante auguste d'un monarque citoyen vient de passer les plus heureuses années de sa vie éprouvât le malheur d'une destruction?

Les richesses des Carmélites n'ont jamais tenté la cupidité; leurs besoins n'importunent pas la bienfaisance. Notre fortune est cette pauvreté évangélique qui, en acquittant toutes les charges de la société, trouve encore moyen d'aider les malheureux, de secourir la patrie, et nous rend pourtant heureuses de nos privations.

La liberté la plus entière préside à nos vœux, l'égalité la plus parfaite règne dans nos maisons; nous ne connaissons ici ni riches ni nobles, et nous n'y dépendons que de la loi.

Comment un état qui offre sans cesse des secours au besoin, des asiles à la vertu, des soutiens à la faiblesse serait-il réprouvé par une Assemblée qui a pris sous sa protection l'homme vertueux, les mœurs publiques et le citoyen indigent?

Daignez vous informer, Nosseigneurs, de la vie qu'on mène dans toutes les Communautés de notre Ordre; n'en croyez ni les préventions de la multitude ni les craintes de l'humanité. On aime à publier, dans le monde, que les Monastères n'enferment que des victimes lentement consumées par les regrets; mais nous protestons devant Dieu que, s'il est sur la terre une véritable félicité, nous en jouissons à l'ombre du sanctuaire, et que, s'il fallait encore opter entre le siècle et le cloître, il n'est aucune de nous qui ne ratifiât, avec plus de joie encore, son premier choix.

Vous n'avez point oublié, Nosseigneurs, que les contrées du Canada ayant passé de la domination française à celle d'une puissance qui professe une religion différente de la nôtre, leurs nouveaux souverains non-seulement ont respecté , mais protégé tous les Ordres qu'ils y ont trouvés établis.

Pourrions-nous ne pas attendre de la justice d'une Assemblée protectrice ce que nos frères et nos sœurs obtinrent d'un peuple victorieux? Tandis que vous travaillez avec tant de zèle au bonheur public, voudriez-vous répandre parmi nous une consternation générale? et, après avoir solennellement déclaré que l'homme est libre, nous obligerez-vous à penser que nous ne le sommes plus?

Non, vous ne nous arracherez pas de force à ces retraites, où nous trouvons la source de toutes les consolations; vous les rouvrirez et à la piété qui y apporte une vocation éprouvée et à l'infortune à qui elles offrent un asile décent. Vous vous souviendrez de ces respectables étrangères qui , avec autant de confiance que de consolation , sont venues y chercher un port assuré chez une nation hospitalière , et vous penserez que des citoyennes qui, sous la protection des lois, se sont volontairement engagées dans un état qui fait le bonheur de leur vie réclament de tous les droits le plus inviolable , quand elles vous conjurent de les y laisser mourir en paix.

C'est au nom de toutes nos Sœurs , dont les Monastères sont répandus dans les différentes parties du royaume , que nous avons, Nosseigneurs, l'honneur de mettre à vos pieds cette adresse; chacune a signé , et aurait voulu le faire de son sang, qu'elle préférerait mille morts à un changement d'état qui ferait son martyre. Les témoignages de leur fidélité sont entre les mains d'un membre de notre auguste assemblée, qui vous les produira lorsque vous l'ordonnerez (1). Nous osons le dire avec elles et dans le plus grand concert , nous regarderions comme l'oppression la plus injuste et la

____

(1) Ce député était Monseigneur l'Évêque de Clermont.

plus cruelle celle qui troublerait des asiles que nous avons toujours regardés comme sûrs et inviolables.

> Nous sommes, avec un profond respect,
> Nosseigneurs,
> vos très-humbles et très-obéissantes servantes,

> Sœur NATHALIE DE JÉSUS, Prieure des Carmélites de la rue de Grenelle;
> Sœur MARIE-LOUISE DE GONZAGUE, Prieure des Carmélites de la rue Saint-Jacques;
> Sœur DOROTHÉE DE JÉSUS, Prieure des Carmélites de Saint-Denis-en-France;
> Sœur THÉRÈSE DU SAINT-ESPRIT, Prieure des Carmélites de la rue Chapon.

On donna l'espoir à nos bonnes et vénérables Mères de les laisser mourir dans leurs Maisons : elles en ressentirent tant de joie, qu'elles s'embrassèrent mutuellement et chantèrent un *Te Deum* en actions de grâces; mais bientôt elles reconnurent, par la dispersion des autres Couvents, le sort qui leur était réservé.

Le 2 septembre 1792, après Matines, quelques Religieuses aperçurent, dans le jardin, cinq hommes qui tâchaient d'ouvrir les portes. La Révérende Mère Nathalie, Prieure, envoya avertir la section; on fit réponse qu'il n'y avait pas moyen de se faire entendre, parce qu'on massacrait tout dans les prisons. On les délivra cependant de ces audacieux; mais, depuis ce temps, les Religieuses ne se couchaient plus que tout habillées en cas d'événement. Les blanchisseuses de la rue de Bourgogne, qui avaient vue sur leur jardin, criaient qu'il fallait renvoyer ces aristocrates dont la maison et le jardin leur appartenaient.

Nos Mères, qui n'ignoraient pas que le cri de la discorde,

après avoir divisé les esprits, répandait l'alarme du sein de la capitale jusqu'aux extrémités de la France, et couvrait de sang cette terre infortunée, ne purent entendre, sans frissonner, les clameurs séditieuses qui s'élevaient contre elles, et n'opposèrent à la fureur révolutionnaire que la prière et la patience..

Le 14 septembre 1792, deux commissaires vinrent faire ouvrir les portes, et demandèrent à être conduits dans tous les endroits de la Maison. Ils brisèrent les Reliquaires et autres objets en or et en argent, afin d'emporter ce qu'il y avait de précieux à leurs yeux. Méprisant les Reliques, ils les laissaient de côté, à la grande satisfaction de nos Mères, qui s'en emparaient ensuite avec plus d'empressement et de vénération que ces malheureux ne mettaient de cupidité à s'approprier l'or qui les enchâssait. Marie-Thérèse, reine de France, épouse de Louis XIV, fondatrice de cette Communauté, avait donné à nos Mères, avant de mourir, une singulière marque de sa royale munificence et de son attachement; elle leur avait fait présent d'une sainte Face miraculeuse, qui figure actuellement comme objet précieux dans la collection de nos Reliques, et fait l'admiration de tous ceux qui ont le bonheur de la voir et de la vénérer : la pieuse princesse l'avait enrichie d'un cadre en or garni de diamants. Les deux commissaires, après avoir dépouillé cette sainte image de ses ornements, la remirent entre les mains de la Révérende Mère Nathalie, Prieure, qui la déposa à l'instant dans un cadre fort simple, et en fit reconnaître l'authenticité par feu M. de Floirac, notre très-honoré Père visiteur, avant qu'il émigrât; cette digne Mère la remit, en mourant, à notre chère Mère Camille.

Lorsque nos deux dévastateurs eurent terminé leur sacrilége spoliation, ils dirent aux Religieuses qu'ils avaient ordre de les faire sortir, et qu'elles n'avaient aucune raison à objecter pour en empêcher l'exécution ; puis, faisant entrer la populace, ils présidèrent pour qu'il n'arrivât pas de mal à ces saintes Carmélites qu'ils chassaient comme d'innocentes brebis parmi des loups cruels. La Révérende mère Nathalie, qui depuis longtemps prévoyait ce coup, avait eu la précaution de faire faire des habits séculiers et préparer des logements dans divers quartiers. Elle divisa la Communauté, qui comprenait alors trente et une Religieuses, en six parties composées, chacune, de cinq ou six Religieuses, mettant à la tête de chaque groupe une Présidente qui devait correspondre avec elle.

La plus âgée de ces saintes persécutées avait quatre-vingts ans, et la plus jeune trente. Leur supérieur local, M. Delaunay, qui exerçait cette charge depuis trente ans, donna des ordres à son domestique pour qu'il pourvût à la sûreté des Religieuses, auxquelles il traça un règlement et donna toutes les permissions que les occasions pouvaient nécessiter, leur laissant aussi la liberté de se visiter les unes les autres.

M. et Mme de Soyecourt se trouvaient en ce moment à Amiens, et ne pouvaient rien, par conséquent, pour leur chère fille qui exerçait la charge de dépositaire dans la réunion dont elle faisait partie. Elles occupaient une petite maison située rue Mouffetard entre cour et jardin sans voisinage ; elles eurent la facilité d'y remplir tous leurs exercices, ayant transformé une des chambres en chapelle, où elles récitaient l'office en chœur comme au Couvent. Deux religieux, dont l'un était Chartreux et l'autre Théatin, et plusieurs saints Prêtres, venaient leur dire la Messe, les confesser et les communier, ce qui était une grande consolation pour elles. Il est vrai qu'elles avaient grand besoin de secours spirituels, car elles étaient fort dénuées des temporels.

Parmi les autres réunions, il y en avait encore une qui, par sa position, pouvait plus facilement pratiquer la règle et qui le faisait avec bonheur. Cette petite colonie était composée de sept Religieuses ; comme elles étaient à même, par la grandeur de leur local, de rendre quelques services au clergé, les grands vicaires y allaient souvent déguisés, pour exercer les devoirs de leur ministère. Ce petit allégement à leur douleur fut de courte durée ; elles furent soupçonnées, arrêtées et conduites devant le tribunal révolutionnaire, qui en condamna six à la déportation et une à la mort ; cette dernière était ma Sœur Louise-Thérèse (le bon ange de notre chère Mère à son entrée en religion), Bretonne d'origine et de naissance illustre. Elles furent conduites dans les cachots de la Pitié, où elles languirent deux ans. Cette prolongation de prison fut un bien pour elles, puisqu'elles furent ensuite rendues à la liberté (1).

Le décret de l'exil des nobles vint encore diminuer le nombre des Religieuses qui composaient la Communauté en les séparant toutes les unes des autres ; quelques-unes d'entre elles, qui étaient de pays étrangers, allèrent chez d'autres nations redemander au Carmel son silence et sa solitude. Une d'elles mourut Prieure de son Couvent en Angleterre ; d'autres, soumises aussi à l'exil, se retirèrent dans leurs familles, où elles finirent leurs jours.

Les diverses réunions qui avaient été formées dans le commencement subirent un sort différent selon les desseins de Dieu. Sur les membres qui les composaient, huit échappèrent à toutes les embûches que l'enfer dressait alors aux Epouses de J. C. Du reste, toutes se montrèrent pleines de générosité et de dévouement pour le Dieu qui les éprouvait si fortement. Vraies filles de sainte Thérèse et remplies de son es-

(1) L'arrêt de mort qui avait été porté contre ma Sœur Louise-Thérèse se trouva également annulé par la mort de Robespierre.

prit, elles épuisèrent, pour ainsi dire, jusqu'à la lie le calice d'amertume sans épuiser leurs désirs et leur ardeur pour les souffrances.

Notre digne Mère Camille nous ayant plusieurs fois manifesté l'intention de faire faire une circulaire générale pour toutes ses bonnes Mères décédées dans ces temps orageux, nous profitons de la circonstance, ma Révérende Mère, pour les recommander aux ferventes prières de toutes nos Maisons.

Mais revenons, ma Révérende Mère, à notre chère Mère Camille, que nous avons laissée avec ses compagnes dans sa petite Bethléem, bien pourvue pour le spirituel. Dieu lui envoya aussi, un peu plus tard, des secours temporels par M. et Mme de Soyecourt à leur retour d'Amiens, et par madame de Feuquières, sa tante, qui fit tous ses efforts pour la décider à la suivre avec sa petite colonie dans une de ses terres, ayant un aumônier flamand qui, tous les jours, offrait le saint sacrifice dans la chapelle de son château; mais elle préféra son réduit, y vivant heureuse avec ses Sœurs, puisqu'on peut l'être, malgré les chagrins et les peines, quand on jouit de sa vertu et de la paix d'une bonne conscience.

Cependant, ma Révérende Mère, le temps était arrivé où cette vérité de l'apôtre saint Paul avait plus que jamais son accomplissement : « *Tous ceux qui veulent vivre avec piété en J. C. seront persécutés.* » Au moment donc que notre chère Mère et ses compagnes avaient quelque espèce de repos, un Polonais, commandant de leur section, attira sur elles bien des malheurs; il logeait en face de leur habitation et avait chargé sa femme de les espionner. Le Vendredi saint 1793, il vint, avec trente hommes armés de piques, pour chercher, dans leur retraite, des armes et des prêtres qu'il les accusait de cacher. Notre digne Mère Camille, les ayant aperçus de la fenêtre, prit sur elle le saint ciboire qui renfermait plusieurs hosties, car M. l'abbé Béchet, grand vicaire, dans la crainte du malheur qui les attendait, lui avait recommandé cette précaution, pour éviter les profanations. *Mon Dieu*, répétait-elle pendant ce temps, *mon Dieu, gardez-vous vous-même*. Elle servit ainsi de tabernacle à notre adorable Sauveur depuis dix heures du matin jusqu'à cinq heures du soir, que les révolutionnaires se retirèrent. Elle eut sujet de reconnaître que sa précaution n'avait pas été inutile, car ces forcenés ayant vu dans la chambre une espèce de tombeau que les Epouses de J. C. avaient préparé : *Dieu est ici!* s'écria l'un d'eux, et ils fouillèrent partout pour trouver quelque ciboire qui pût contenter leur avarice. Ils déclarèrent, dans leur procès-verbal, qu'ils avaient trouvé au réfectoire, pour tout aliment, du pain sur une serviette pliée et une cruche d'eau, ajoutant qu'à la cuisine il n'y avait pas d'apparence qu'il y eût eu du feu ce jour-là. Lorsqu'ils furent sortis, trois d'entre elles prirent un morceau de pain ; mais les deux plus anciennes n'en eurent pas le courage, et, sans penser que le Vendredi saint n'est pas pour les fidèles un jour de communion, elles consommèrent toutes les saintes hosties, selon la permission générale qu'elles en avaient reçue. Notre chère Mère Camille porta ensuite le saint ciboire à sa Mère Prieure pour le faire purifier, et lui fit le récit de leurs aventures.

Ces malheureux avaient saisi ses correspondances avec de saints prêtres émigrés et mirent le tout dans une armoire où ils posèrent les scellés ; notre chère Mère leur ayant demandé qui viendrait lever ces scellés, le commandant polonais, que l'enfer semblait avoir suscité contre elle et ses compagnes, lui répondit que c'était à la mairie qu'elle devait faire cette demande ; elle la fit le lendemain, et la levée lui fut accordée. Elle porta aussitôt cette permission à sa section, où se trouvait malheureusement alors leur ennemi. Il entra dans une si grande colère, qu'il en cracha le sang, disant qu'elle avait séduit ceux qui lui avaient répondu si favorablement ;

qu'ils seraient destitués et elle envoyée à la préfecture pour être, de là, jetée en prison. Alors deux gendarmes la conduisirent dans une salle de la préfecture, où une quarantaine de personnes avaient déjà été conduites ce jour-là. Elle écrivit aussitôt à M. son père pour le prier de venir la réclamer; ce tendre père, alarmé, arriva dans la journée, accompagné de M. Philippon, juge de paix, qui devait faciliter son entrée. Comme on ne savait pas qui était cette intéressante détenue, il y eut un moment de grand attendrissement parmi les personnes présentes quand on la vit se jeter dans les bras de son père, qui, de son côté, la pressa avec une vive émotion contre sa poitrine; il la conduisit de bureau en bureau, demandant successivement aux douze administrateurs d'interroger sans délai sa chère fille, afin qu'il pût l'emmener; mais, ce jour-là, on arrêtait tant de monde, qu'il n'y avait pas possibilité de se faire entendre de personne. On permit à M. de Soyecourt de se retirer avec sa fille, toutefois dans la compagnie d'un gardien : c'était le Samedi saint. Le jour de Pâques, on alla chercher trois de ses compagnes qui étaient restées à la maison; les deux autres s'étaient enfuies. Après avoir fait subir à celles-ci un court interrogatoire, on les conduisit à la prison de Sainte-Pélagie.

Notre chère Mère passa cette grande solennité dans la maison paternelle, et son gardien, qui était fort bon homme, lui offrit de la conduire à la Messe; mais elle ne put accepter, vu que le saint sacrifice n'était alors offert que par des Prêtres assermentés, avec lesquels on ne devait pas avoir de communion. Le soir, on vint la chercher pour comparaître devant les juges; sa mère voulut la suivre et emmena avec elle une femme de chambre en cas de nécessité. L'interrogatoire roula sur les Prêtres qui leur avaient dit la Messe, desquels on voulait savoir les noms, et on lui fit plusieurs autres questions qui se prolongèrent; ensuite on lui dit qu'il fallait aller rejoindre ses autres compagnes à Sainte-Pélagie. Sa mère, qui était dans la cour avec son **mari**, apprenant cela, entra dans la salle et dit qu'elle voulait aller avec sa chère fille, s'écriant qu'il était affreux de joindre ensemble le vice et la vertu, et de confondre les lis de la terre avec le rebut du genre humain. Comme ces deux êtres unis par l'affection la plus pure, la plus vraie et la plus respectable de la nature semblaient inséparables, on les fit entourer tout à coup par une troupe de ces hommes féroces qui ne connaissent le sentiment de l'amitié que pour en briser les liens; ces forcenés ne purent cependant s'empêcher d'être touchés à la vue d'une mère plongée dans une si vive affliction. Ses plaintes entrecoupées de tant de sanglots, les tendres baisers dont elle couvrait sa fille, les douloureuses étreintes avec lesquelles elle la pressait contre son sein maternel, protestant que rien au monde ne pourrait la séparer de sa fille, les touchèrent de quelque compassion. L'un d'eux, frère de l'ancien maître de danse de feu le jeune vicomte de Soyecourt, son fils, l'assura que sa fille coucherait à la mairie; que, pour elle, il fallait qu'elle se retirât, et qu'elle reviendrait le lendemain pour parler au maire. Par l'intervention de cet homme, la femme de chambre resta avec notre chère Mère. On la conduisit dans une chambre fraîchement décorée pour un des administrateurs, et on leur apporta, de la cuisine du bailly, un souper splendide, après lequel elles se couchèrent toutes deux; le soi-disant protecteur de notre chère Mère avait fait dresser un lit de sangle dans la chambre pour sa suivante. Il est à remarquer que l'assistance que lui rendit cet homme ne pouvait être qu'un coup de Providence, car il venait de dire, quelques instants auparavant, à madame de Soyecourt et à sa fille, qu'il tuerait lui-même son propre frère émigré, s'il n'était pas pour la république.

Notre digne Mère était bien loin d'être au bout de ses épreuves. Le lendemain on vint l'éveiller au point du jour pour la conduire à Sainte-Pélagie, lui laissant à peine quelques minutes pour s'habiller ; la femme de chambre courut promptement, par son ordre, en prévenir sa mère, qui, profondément affligée, obtint, non sans peine, que ce jour-là même, lundi de Pâques, les scellés fussent levés dans leur petite maison de la rue Mouffetard. On vint chercher les quatre Carmélites pour qu'elles y fussent présentes, et l'on mit tous les papiers en paquets ; deux officiers de paix, qui paraissaient leur porter beaucoup d'intérêt, firent inutilement tous leurs efforts pour empêcher que ces papiers ne fussent pas remis à la mairie. On les reconduisit ensuite toutes les quatre à Sainte-Pélagie ; comme il était fort tard, ce fut à la lueur des lanternes qu'elles y entrèrent.

De même que notre divin Sauveur avait été mis au rang des scélérats, ses chastes Épouses se virent confondues avec l'opprobre de leur sexe. Cette ressemblance dans les humiliations et les souffrances avec leur divin Maître eût été pour elles une source de bonheur, si elles n'eussent eu à gémir de toutes les offenses qu'occasionnait leur conformité avec le Dieu du Calvaire, car elles entendaient les vociférations que proféraient contre elles, avec des cris effroyables, les mauvaises femmes que le même toit abritait. Par les soins de la Providence, elles eurent, du moins, un dortoir séparé dans cette demeure du crime. M. et madame de Soyecourt s'occupèrent de leur obtenir la liberté ; ils leur faisaient porter, chaque jour, du poisson, car elles n'interrompaient pas l'abstinence, et leurs compagnes, qui composaient les autres petites réunions et qui devaient elles-mêmes passer un peu plus tard par de semblables épreuves, se faisaient un devoir et un plaisir de leur envoyer ce qu'elles pouvaient.

La présidente de la colonie dont notre chère Mère faisait partie se nommait Sœur Joséphine ; elle était âgée de soixante ans et était cousine de notre Révérende Mère Camille : c'était une âme fort pieuse et tout innocente, qui, depuis son enfance, n'était jamais sortie du Couvent. Toute ravie de joie de se voir prisonnière et menacée; comme son divin Maître et pour lui, d'une mort violente, elle voulut se préparer au martyre par la pénitence, et durant plusieurs jours se nourrit de pain et d'eau. Ses compagnes, qui conservaient le même genre de vie qu'à l'ordinaire, lui disaient quelquefois en riant : « Allons, ma Sœur Joséphine, engraissez « donc un peu la victime; » mais cette bonne Sœur, qui s'attendait à paraître devant Dieu d'un jour à l'autre, voulait acheter le Ciel par des macérations excessives. « Quel « bonheur, s'écriait-elle, d'aller bientôt porter notre tête « à l'échafaud! Quand irons-nous donc à la guillotine? ajou- « tait-elle avec empressement ; eh! qu'avons-nous fait à « notre Bon Maître pour mériter une si grande faveur? » Ce n'était, de la part de cette âme fervente, que transports, actions de grâces et colloques amoureux avec le divin Époux, qui seul avait toujours possédé son cœur. Mais, lorsqu'elle sut que leur persécuteur, ce Polonais qui avait juré leur perte, était mort, dans l'espace de trois jours, dans des convulsions et des douleurs épouvantables, elle dit à ses compagnes avec une sainte gaieté : « Puisque le bon Jésus ne pa- « raît pas encore vouloir m'appeler à lui, je vais mainte- « nant réparer mes forces épuisées selon les moyens qu'il « m'en donnera, et en me servant une des premières de ce « que la divine Providence voudra bien nous envoyer. »

Pendant leur séjour à Sainte-Pélagie, elles virent un jour venir à elles une personne qui portait une pile de bréviaires dans les mains. Nos Mères lui demandèrent si elle n'était pas aussi Fille de sainte Thérèse. — « Eh! oui, leur dit-elle, « je suis professe de Saint-Denis. » Elles se hâtèrent de lui préparer une cellule proche des leurs, et, si nos bonnes Mères ressentirent une grande consolation en cette circonstance, cette sainte Religieuse en eut une bien plus grande de se voir, contre son attente, en si bonne compagnie.

Cependant les parents de notre chère Mère, ainsi que

beaucoup d'autres personnes, poursuivaient leur sortie de prison. On obtint qu'elles seraient présentées au tribunal érigé à Sainte-Geneviève. Notre digne Mère eut à subir de longs interrogatoires, dont quelques-uns duraient sept heures. Il était parfois près de minuit quand elle rentrait dans sa prison.

Ses compagnes la pressaient de leur raconter alors toutes ses épreuves ; mais il fallait qu'elle se mît bien vite à commencer son office jusqu'à ce que, minuit sonnant, elle voyait qu'il n'était plus temps de l'achever. Il lui prit une fois un saignement de nez très-violent pendant la séance. Ses juges lui dirent qu'ils allaient remettre au lendemain la continuation de son interrogatoire. « *Non, non*, leur dit-elle, *continuez.* » Elle demanda une cuvette, la mit sur ses genoux, et, malgré la position gênante où cela la mettait, elle répondit avec sang-froid et lucidité à ces juges iniques, qui se jouaient si insolemment de la justice et de la vérité. Son âme, pleine de candeur, ne fut jamais déconcertée en présence d'un auditoire d'une si étrange espèce.

Les interrogatoires roulaient sur les papiers qu'on avait saisis, lesquels étaient, pour la plupart, des correspondances avec des émigrés ecclésiastiques de l'Archevêché ou avec ceux qui gouvernaient actuellement le Diocèse, MM. de Jouarre et Béchet. Notre chère Mère mettait une grande prudence dans ses réponses, surtout ne voulant pas déguiser la vérité. Pleine de foi, elle recourait à Marie dans les circonstances embarrassantes, et alors il n'y avait plus pour elle de difficulté à ce qu'on lui demandait, ou bien la Reine des Anges disposait tellement de tout, qu'on mettait de côté comme papiers inutiles les lettres les plus compromettantes. Elle avait toujours présentes à l'esprit ces paroles de J. C. à ses apôtres : *Lorsque vous paraîtrez devant les juges, ne vous inquiétez pas comment vous parlerez, ni de ce que vous direz; car ce ne sera pas vous qui parlerez, mais l'esprit de votre Père qui parlera en vous.* Cette confiance lui réussit si bien, que ses interrogateurs, qui ne la voyaient jamais troublée, remarquant ses réponses pleines de simplicité, devinrent ses défenseurs les plus zélés.

Les images du Sacré-Cœur étaient très-suspectes en ce temps; on en trouva plusieurs dans ses papiers, et on lui demanda combien elle en avait fait et donné à peu près. « *J'en ai tant fait et tant donné*, répondit-elle, *qu'il me* « *serait impossible d'en dire le nombre.* »

Une autre fois, dans une lettre que M. de Floirac, émigré, lui avait écrite, ils furent frappés de ces mots : Il faut faire mourir la nature et, quand elle se révolte, la comprimer, quoi qu'il en coûte. Ils lisaient la *nation* au lieu de la *nature*, et cela éveilla leur attention. « Comment, dirent- « ils, il faut faire mourir la nation! — *Vous voyez bien,* « leur dit notre chère Mère avec le calme de l'innocence, « *que vous tronquez les mots; c'est tout simplement un avis* « *de direction.* »

On était plus acharné contre elle que contre ses compagnes, et cela n'est pas surprenant, vu que, outre qu'elle était religieuse comme elles, elle était, de plus, d'une famille riche et noble. Cependant la douce persuasion qui coulait de ses lèvres calma la fureur de ses juges ; l'un d'eux se fit son protecteur, et, plus tard, lorsque de magistrat il fut redevenu maçon, notre Révérende Mère lui fit carreler les cloîtres de l'antique Monastère des Carmes.

Enfin, le jour de la Pentecôte, nos quatre intéressantes captives furent mises en liberté. Notre chère Mère se vit obligée de rentrer dans la maison paternelle, attendu qu'on craignait plus pour elle que pour d'autres moins connues. Les trois autres se réunirent aux petits détachements qui existaient encore de leur Communauté dispersée. Notre chère Mère prit avec elle une Carmélite de Pontoise qui se trouvait sans asile.

M. et madame de Soyecourt, revoyant enfin près d'eux leur chère fille, objet de tant de larmes, l'entouraient de soins et d'attentions, ainsi que sa compagne. On les servait en maigre, elles mangeaient aux mêmes heures qu'au Couvent, et suivaient la règle autant qu'elles le pouvaient. Elles allaient chercher des messes où elles croyaient pouvoir en trouver; car, en ce temps de désolation, l'Église, assise sur les ruines de ses temples, comme autrefois le prophète Jérémie sur les ruines de l'infortunée Jérusalem, n'osait plus faire couler publiquement sur ses autels le précieux sang de Jésus-Christ. Notre chère Mère, bien des années après, se rappelait encore avec attendrissement un Prêtre arrêté avec elle aux fêtes de Pâques, et amené devant les tribunaux, avec sa chasuble, au moment où il se disposait à dire la messe.

Cependant notre chère Mère était loin d'être dans son centre. Elle forma le projet de se rendre, à pied, à Rome en demandant l'aumône, et de se présenter comme une pauvre inconnue aux Carmélites de cette ville, pour leur demander l'entrée de leur solitude; mais elle ne l'exécuta point, parce que sa mère, en ayant eu avis, écrivit aux Cardinaux pour empêcher l'incognito de ce pénible pèlerinage, qui était ce qui le rendait plus cher à sa fille.

Le cœur sensible de notre chère Mère ressentit un grand coup lorsqu'elle apprit que la Révérende Mère Louise-Marie, qui avait reçu ses vœux, était morte pendant qu'elle-même était en prison à Sainte-Pélagie. Ce fut un sacrifice de plus qu'elle déposa généreusement au pied de la croix. Les circonstances présentes, d'ailleurs, lui faisaient regarder comme heureux les amis du Seigneur, qui s'endormaient doucement dans les bras de la mort, chargés de leurs bonnes œuvres.

Il y avait huit mois qu'elle était chez ses parents lorsqu'ils furent eux-mêmes arrêtés. M. le comte de Soyecourt fut conduit au couvent des Carmes, où se trouvaient déjà quatre cents prisonniers, sans compter quelques femmes de qualité, telles que mesdames de Beauharnais, de Kercado, etc., qui s'y trouvaient en même temps, dans des logements séparés. Madame de Soyecourt se vit renfermée, à Sainte-Pélagie, dans la cellule que sa fille *venait tout récemment d'occuper*.

Notre chère Mère s'attendait à être arrêtée ainsi que ses parents; mais, voyant qu'il n'en était rien, le cœur navré, elle s'enfuit de bon matin de la maison où elle avait reçu le jour, emportant avec elle six francs pour toute richesse (1). Elle alla trouver une personne dévote, qui avait une petite chapelle, où elle recevait des Prêtres pour dire la messe, et où très-peu de personnes étaient admises. Notre chère Mère lui offrit d'être sa sacristine. Cette demoiselle, qui la croyait bien pourvue de toutes choses, accepta l'offre, et, voulant profiter des richesses dont elle pensait que la nouvelle venue était en possession, elle fit clouer des tapisseries, que les six francs de notre chère Mère aidèrent à acquitter. La voilà donc dans le plus grand dénûment. Ce n'est pas tout. Comme elle avait refusé de faire le serment, exigé alors, des religieuses pour leur pension, elle craignit d'être découverte dans sa nouvelle demeure, et fit une nouvelle fuite. Elle n'eut absolument rien pour vivre, dans son nouveau réduit, que quelque argent qu'on lui avançait, et, ne sachant pas faire la cuisine, elle languissait dans sa détresse et mourait de faim. Un jour, elle entendit passer dans la rue une marchande de lait avec sa charrette; elle descendit aussitôt avec une petite tasse pour en acheter. Comme elle passait, pour

(1) Est-ce par excès de confiance en Dieu, ou par oubli, ou impossibilité de se procurer davantage, qu'elle part ainsi dénuée de tout? Nous ne savons, et nous regrettons aujourd'hui de n'avoir pas fait cette question à notre chère Mère, lorsqu'elle nous a raconté cette particularité.

cela, sa main au travers des barreaux de la charrette, un homme au regard farouche et menaçant lui dit, reconnaissant sa naissance à cette noblesse qu'elle avait dans tout son extérieur : « Dis donc, citoyenne ; on a donc oublié de te raccourcir? » Notre chère Mère, épouvantée, s'enfuit à la hâte avec sa tasse vide, offrant à Dieu et sa terreur et sa privation. Une autre fois, passant devant une femme qui vendait des pommes, elle voulait en acheter quelques-unes. Cette brave femme, la voyant si chétive et remarquant son air triste, en prit encore d'autres et lui dit avec compassion : « Tenez, ma mignonne, mettez tout cela dans votre petite « pochette et gardez votre argent. » Malgré la répugnance qu'elle avait toujours eue pour le poisson, elle en achetait à bon marché et commençait par se faire de la soupe avec l'eau dans laquelle elle l'avait fait cuire ; le poisson était réservé pour d'autres nécessités. Un malheureux chat s'introduisit une fois chez elle et dévora toutes ses économies. Elle allait quelquefois, en tremblant, dans la maison paternelle, où les domestiques étaient restés, et elle prenait quelques œufs, qu'elle ne savait même pas faire cuire. Un jour qu'elle était parvenue à se procurer quelques provisions, elle entra, avec son petit panier, chez quelques-unes de ses compagnes qui vivaient ensemble. Notre chère Mère, pour ne pas les attrister, leur laissa ignorer l'état d'indigence dans lequel elle se trouvait. Celles-ci la croyant au sein de l'abondance, à cause de la richesse de sa famille, crurent que le panier était pour elles, et lui en firent mille remercîments. Notre chère Mère se retira sans avoir osé se décider à leur dire la vérité.

Madame de Soyecourt, sa mère, la croyant toujours dans leur hôtel, lui écrivit de sa prison, un mois avant sa mort, le petit billet suivant : « Prenez courage, ma chère fille ; ce « sont des circonstances où votre vertu vous est plus né- « cessaire. Restez chez nous, quoique nous n'y soyons plus ;

« je vous y crois mieux que partout ailleurs; vous êtes à vo
« tre place; soyez bien assurée de celle que vous avez dans
« mon cœur. Le vôtre souffre de me voir ici, et votre lettre
« me fait plaisir; venez un jour avec mademoiselle Henry,
« ma femme de chambre (1). »

Personne ne connaissait la demeure de notre chère Mère,
excepté la Mère Nathalie, sa Prieure. Le jour de la mort de
madame de Soyecourt, deux domestiques fidèles allèrent auprès de cette Mère pour s'informer où restait la fille de leur
infortunée maîtresse; ils voulaient l'emmener avec eux dans
la maison de ses parents, parce que le juge de paix désirait
y mettre les scellés, vu que plusieurs domestiques infidèles
en emportaient divers objets. Or on ne pouvait rien faire en
ces circonstances qu'en la présence de notre chère Mère. Sa
Révérende Mère Prieure l'envoya chercher, lui apprit la
mort de sa tendre mère, et lui dit que l'intérêt de sa famille
l'obligeait à se rendre à la maison paternelle, où le juge de
paix l'attendait pour le sujet que nous avons dit. Notre bien-
aimée Mère lui dit d'abord qu'elle pensait que c'était une
ruse pour découvrir le lieu de sa retraite; mais, voyant que
sa Prieure insistait toujours, elle lui dit avec énergie, et en
faisant sur elle-même un effort que le péril d'une mort presque certaine peut faire appeler héroïque : *« Eh bien, oui,*
« ma Mère, j'irai selon vos ordres, et ainsi je mourrai par
« obéissance et non plus seulement comme noble. » Elle partit en effet, accompagnée des deux domestiques. En arrivant
à l'hôtel, elle monta d'abord dans son petit appartement, où
le juge de paix vint aussitôt la rejoindre, lui faisant connaître

(1) Mme de Soyecourt succomba aux chagrins et aux privations de toute
espèce inséparables de sa position; une dyssenterie l'enleva le 25 mars 1794.
Les vers suivants la dépeignent tout entière :

> D'un époux et des siens à qui mieux mieux chérie,
> Ma mère aima toujours le chemin de l'honneur;
> Conduite en temps d'orage à Sainte-Pélagie,
> Elle n'a pu survivre à sa juste douleur.

que ce n'était qu'en son nom qu'il pouvait mettre les scellés ailleurs que dans les chambres de son père et de sa mère, qu'elle seule pouvait représenter en cette occasion, vu qu'elle était l'unique de la famille qui jouissait de la liberté (ses deux sœurs, mesdames les comtesses d'Hinnisdal et de la Tour, étaient en prison). « *Monsieur*, dit notre chère Mère, *étant* « *Religieuse, il m'en coûte étrangement de me mêler des af-* « *faires.* » Mais le juge de paix, impatient de poursuivre, lui dit de lui donner au plus tôt le domestique dans lequel elle avait le plus de confiance pour lui montrer les endroits où il devait poser les scellés; elle lui en indiqua un, et ce domestique les fit spécialement apposer sur le garde-meuble, où M. et Mme de Soyecourt avaient caché une somme en or très-considérable. Ce bon serviteur ignorait qu'on y pouvait encore entrer par une ouverture secrète qu'un autre domestique infidèle avait pratiquée, qui était cachée par une armoire. Quand la famille de Soyecourt rentra dans ses biens, on ne retrouva plus que les papiers qui enveloppaient les rouleaux d'or; mais, quoique notre chère Mère pût alors faire punir facilement les malheureux qui avaient ainsi abusé de la confiance, elle remit la chose entre les mains du juge souverain des vivants et des morts.

On voit quelle bénédiction Dieu accorde à l'obéissance. Selon les apparences, notre digne Mère exposait sa vie en allant en ce moment chez ses parents prisonniers; et cependant, Providence de mon Dieu, que vous êtes admirable! elle se vit, au contraire, protégée par ceux qu'elle redoutait : le juge de paix, voyant des sacrés-cœurs dans son bréviaire, lui recommanda avec intérêt de les cacher, de peur de se compromettre. Quand il eut posé les scellés, il lui dit de demander ce qui était nécessaire pour son service, et se retira.

Le lendemain, elle courut aux Carmes pour voir son père; mais elle ne put avoir cette consolation. Lorsqu'elle s'adressa, pour cela, au concierge, qui était un déserteur sacrilége du sanctuaire, il lui demanda pourquoi elle-même n'était pas en prison. Néanmoins, ne pouvant voir son père, elle trouva moyen de lui faire plusieurs fois parvenir des lettres et de recevoir les siennes. Elle restait dans la maison paternelle, où les domestiques avaient grand soin d'elle ; mais son cœur sensible nageait dans un océan d'amertume, surtout depuis la mort de sa tendre mère. M. de Soyecourt lui écrivit à cette époque les lignes suivantes :

« Il y a bien longtemps, ma chère fille, que vous ne
« m'avez donné de vos nouvelles ; c'est cependant la seule,
« je ne dirai pas consolation, car il n'en est point pour moi,
« mais une satisfaction bien grande de m'entretenir avec
« ceux qui me sont chers. Je suis au milieu de trois cents
« personnes sans que qui que ce soit partage ma douleur ni
« ait connu celle qui en est l'objet. Je végète en attendant
« ce terme heureux qui engloutit toutes les afflictions. »

Ce bon père, sans songer à ses propres maux, n'avait de souci que pour ceux de ses enfants. Quelques jours après le billet ci-dessus, il écrivait à sa chère fille :

« Le citoyen embrasse sa chère Camille ainsi que son petit
« écuyer ; il était bien inquiet de ne pas recevoir de réponse
« de Péronne, et désire savoir s'il en est venu de l'argent,
« afin que ses enfants ne manquent point. Faites-le-lui sa-
« voir demain. Pour lui, il ne manque de rien ; il ne désire
« que le terme de son affliction. »

Ce petit écuyer dont parle M. de Soyecourt était son unique petit-fils. Le malheur, qui, dit-on, est pour l'aurore de la vie une vieillesse prématurée, avait donné à ce jeune enfant une raison et une sensibilité au-dessus de son âge ; il passait quelquefois plusieurs heures de suite à la porte de la prison où était détenue son infortunée mère, afin d'avoir le bonheur de l'embrasser et de la voir quelques instants : les gardes disaient ne pouvoir ni l'intimider ni s'en débarrasser. La miséricordieuse providence du Seigneur veillait visiblement sur cet enfant, et lorsque sa mère, madame la comtesse d'Hinnisdal, alla, trois jours après le martyre de son vertueux père, M. de Soyecourt, expier sur un échafaud la noblesse du sang qui coulait dans ses veines, Dieu mit au cœur de la Carmélite, tante du noble orphelin, les sentiments, la tendresse et la vigilance d'une mère : elle lui en tint lieu tant qu'il vécut ; ses intérêts devinrent les siens, et, malgré les embarras, les inquiétudes et les angoisses dont elle-même était assiégée en ces temps malheureux, elle voulut bien être sa tutrice. La bienveillante affection qu'elle eut toujours pour ce digne neveu se répartit ensuite sur sa vertueuse épouse et sur ses chers enfants. La plus jeune de ses petites-nièces, mademoiselle Roseline d'Hinnisdal, en raison de ses douces vertus et de la piété sincère dont elle est douée, était souvent désignée par elle sous la gracieuse dénomination de *Perle fine*.

Nous avions, dans une des pièces du Monastère des Carmes, un grand tableau représentant M. le comte d'Hinnisdal aux genoux de Pie VII, qui lui fait don d'un corps saint et d'un chapelet. Le tableau a été remis à la famille, et le corps du martyr saint Placide repose maintenant sous l'autel de la sainte Vierge de notre nouvelle chapelle.

Veuillez, ma Révérende Mère, en mémoire de notre vénérée défunte, accorder un souvenir particulier devant Dieu à toute cette illustre famille.

Revenons maintenant, ma Révérende Mère, à la triste phase que dut traverser en ces jours néfastes notre bien chère et affligée Mère. Tandis qu'elle était dans la maison paternelle, arriva, le jour de Pâques 1794, le décret de l'exil des nobles. M. de Soyecourt lui écrivit à ce sujet :

« Il paraît, ma chère fille, que le décret d'hier ne porte « pas sur les prisonniers ; j'en suis bien fâché, parce que « cela me prive du plaisir que j'aurais de voyager avec vous.

« Ce décret est positif, et vous n'avez pas de temps à perdre
« pour vous mettre en route. Je pense que le mieux est de
« vous en aller chez vous, à Tilloloy, où j'irai vous joindre
« quand je serai en liberté. L'embarras que j'y trouve est
« de vous y transporter, vu la rareté des chevaux; il faut
« cependant en avoir, coûte que coûte, ou aller par les voi-
« tures publiques, ce qui n'est pas moins embarrassant. En-
« fin faites comme vous pourrez; vous voyez que je ne puis
« vous aider en rien. Vous devez avoir de l'argent, ne l'é-
« pargnez pas, et, si vous pouvez, donnez-en à votre sœur
« aînée, elle doit en avoir besoin. Quant aux gardiens, je
« les payerai lorsque mes scellés seront levés; ils n'ont qu'à
« le solliciter eux-mêmes. Si vous pouviez avoir des che-
« vaux, vous prendriez ma diligence, qui est fort douce, et,
« si votre sœur Eléonore était en liberté, vous l'emmèneriez
« avec vous. Je vous conseille de prendre votre ancienne
« femme de chambre et Imbert. Enfin, **ma chère enfant**, je
« voudrais pouvoir vous procurer toutes les douceurs de la
« vie; chargez-vous-en vous-même. Un prisonnier ne peut
« que faire des vœux, j'en ferai toujours pour votre bon-
« heur; le mien est fini pour jamais. Je crois qu'il faudra
« vous munir de passe-ports. »

Notre chère Mère ayant fait savoir à son père qu'elle pré-
férait aller habiter la ferme des Moulineaux, près Paris, au
lieu du château de Tilloloy qu'il lui avait désigné, et lui
ayant annoncé son départ, elle en reçut cette réponse :

« Vous partez donc, enfin, ma chère fille, et je suis obligé
« de m'en réjouir. Cela paraîtrait bien étonnant à quelqu'un
« qui ne connaîtrait que ma tendresse pour vous et qui
« ignorerait les motifs de votre éloignement. Quoi qu'il en
« soit, j'ai l'espérance de me réunir à vous peut-être bien-
« tôt, au lieu que les personnes que la mort nous enlève
« nous laissent en proie à des douleurs interminables. »

On voit, ma Révérende Mère, par les lettres de M. de

Soyecourt, que son âme, aussi franche que généreuse, ne pouvait, malgré la justesse de son esprit, mesurer ni la profondeur de l'abîme qui s'ouvrait devant lui, ni calculer les malheurs affreux qui devaient s'ensuivre. Une tentative plus heureuse que les autres procura enfin à notre chère Mère, avant son départ de Paris, la consolation d'apercevoir son père. Ce fut par l'entremise du valet de chambre de M. de Soyecourt, ami du cuisinier de la prison des Carmes. Elle monta dans les bâtiments attenants aux chambres des détenus et vit, par une fenêtre, ce tendre père qui se promenait dans le jardin. Il la reconnut aussitôt, et, voulant cacher à sa fille chérie sa vive émotion et les larmes qui inondaient son visage, il enfonça avec violence son chapeau jusque sur ses yeux; puis, lui envoyant un affectueux baiser, il lui fit signe de la main de se retirer au plus vite, parce que ceux qui approchaient de cette fenêtre étaient arrêtés et condamnés à mort. Elle se retira donc, et cette entrevue fut la dernière; elle ne revit plus son père. Le langage humain est impuissant à peindre le déchirement et l'angoisse du cœur de notre tendre Mère, s'éloignant de cet horrible séjour sans pouvoir rien, rien pour son père, livré à la garde de geôliers impitoyables, et n'ayant que l'échafaud en perspective.

Dépourvue d'argent, elle ne put emporter, dans son exil, et encore avec permission, que son petit mobilier, six chaises de paille, une paillasse, une table, un peu de linge, et le lit d'une ancienne femme de chambre de sa mère qui la suivit pour les premiers moments.

Tous les jours, à midi, il fallait que de cette ferme elle allât porter son nom à une demi-lieue, pendant la grande chaleur. C'était une mesure prise par les tribunaux de sang qui régissaient alors la France, afin d'être toujours sûrs d'avoir leur victime sous la main.

Son père, qui vivait toujours dans l'espérance de recou-

vrer sa liberté, et auquel elle fit part de sa position, lui
écrivit :

« C'est une chose qui vous sera bien incommode, ma
« chère fille, que d'aller tous les jours à une municipalité
« si éloignée, vous qui êtes si sujette à la migraine.

« Je suis bien content de vous voir établie; j'espère que
« vous n'aurez rien oublié ni rien épargné pour vous ren-
« dre votre séjour un peu agréable. Quant à moi, je ne
« sais encore où j'irai. J'ai changé d'avis sur Tilloloy. J'y
« vois trop d'inconvénients et trop d'embarras pour un es-
« pace de temps aussi court, n'ayant, d'après le décret, que
« dix jours d'intervalle de ma liberté à mon départ. Je
« chercherai à m'établir le plus près de vous que je pour-
« rai ; mais je ne crois pas possible d'aller aux Moulineaux.
« Je suis inquiet de votre sœur Éléonore, car je la vois fort
« embarrassée, n'ayant ni meubles, ni rien. Je lui ai écrit,
« afin qu'elle n'attende pas au dernier moment ; je n'en ai
« point de plus agréable, ma chère fille, que de m'occuper
« de vous. »

Quelle était donc, en apparence, la perspective de notre
chère Mère dans son nouveau séjour, sinon une mort prochaine et inévitable? Le régisseur de la ferme étant un mauvais sujet, elle résolut de le renvoyer, et trouva, pour la
seconder dans ce dessein, un honnête avocat, son voisin,
qui lui dit de ne pas hésiter, et que, en cas de résistance
de la part de ce méchant homme, il lui prêterait main-forte.
Elle en vint à bout non sans de grandes difficultés ; mais son
âme, tout à la fois forte et tendre, ferme et miséricordieuse,
sut toujours mener à bonne fin toutes ses entreprises, parce
que Dieu seul en était le principe.

Elle faisait, tous les huit jours, trois lieues pour venir à
Paris se confesser ; car, si elle eût été reconnue, elle eût été
incarcérée de nouveau et condamnée à mort. Elle changeait

de vêtements dans la plaine de Grenelle, entre les Moulineaux et Paris, à une certaine distance de la ferme, et entrait dans la ville habillée de blanc, avec la large cocarde républicaine au bonnet, portant sous son bras, en un petit paquet, les habits qu'elle venait de quitter, et qu'elle remettait au même endroit, à son retour, pour rentrer aux Moulineaux.

Le respectable M. Jalabert, ancien Archidiacre de l'Eglise Notre-Dame de Paris, fut son confesseur pendant ces temps malheureux. Dieu permit que cet homme, dont le cœur était d'or pour ses amis et qui aimait notre chère Mère de l'amour le plus paternel, fût cependant pour elle d'une sévérité excessive. Il ne la dispensait en rien de la règle austère dont elle avait fait profession, et exigeait même qu'elle s'astreignît, pour la récitation de son office, aux heures fixées, comme si elle eût été au Couvent, de sorte que, ne pouvant jamais avancer ses Matines, elle souffrait quelquefois tellement de l'effort qu'elle faisait en les disant si tard, qu'elle ne dormait pas de la nuit. Toutes ces austérités, jointes à l'accablement de tristesse dans lequel elle était plongée, la réduisirent à un tel état de langueur, que les personnes qui l'entouraient craignirent qu'elle ne succombât incessamment à l'excès de tant de maux. On ne pouvait regarder son visage sans être blessé jusqu'au cœur; aussi, lorsque M. Jalabert eut remarqué, au changement de son teint, la douleur intérieure qui dévorait son âme, il eut du regret de ne pas lui avoir ordonné plus tôt quelque adoucissement. Il exigea qu'elle quittât incontinent l'usage de la laine et qu'elle fît gras, même le Carême. Toutefois il eut soin de lui ménager des mortifications d'un autre genre, et il ne les lui épargna pas. Notre chère Mère n'oublia jamais que, s'étant un jour présentée devant lui avec son bonnet de villageoise un peu plus séant et un peu mieux tuyauté qu'à l'ordinaire, il la regarda d'un air sévère et lui intima l'ordre d'aller au plus vite changer de bonnet. — *Mais, mon père,* lui dit-elle. —

« Pas de réplique, madame, allez tout de suite ôter ce bonnet. » Notre digne Mère, qui l'honorait et le chérissait comme un père, obéit aussitôt. Elle profita longtemps encore, après la tourmente révolutionnaire, des lumières de cet homme de Dieu, conservant une grande reconnaissance de la sagesse et de la fermeté avec lesquelles il l'avait conduite au temps de ses épreuves. Il composa, lors du rétablissement de notre cher Carmel, à l'occasion de quelques-unes de nos fêtes, certaines pièces de vers si intéressantes et si amusantes, que nous nous plaisons encore quelquefois à les lire, à nos récréations, pour nous égayer.

Notre bien-aimée Mère conserva toujours une si grande simplicité en ses vêtements, lorsqu'elle fut forcée de quitter celui de la sainte Religion, que, s'entretenant un jour avec un Évêque en présence de plusieurs personnes qui ne la connaissaient pas : « Mais voyez donc, se disaient-elles, « comme Monseigneur est occupé de cette bonne femme, « et comme elle-même est à son aise avec Sa Grandeur. »

Quoiqu'elle n'eût jamais été habituée aux travaux du ménage, elle réussit cependant à merveille dans l'administration de la ferme à la tête de laquelle elle était placée. Tout y prospéra, et ses soins, comme ceux d'un autre Jacob, y attirèrent la bénédiction du Seigneur. Les marchands, les paysans et les domestiques étaient enchantés de sa façon d'agir. Elle voulait être présente, tous les soirs, à la vente du lait, et avait soin que les malades et les nourrices passassent en premier et fussent abondamment fournies. Semblable à la femme dont l'Esprit-Saint fait un si grand éloge, elle sut, en ces temps difficiles, joindre l'adresse à la force. Aussi aimait-elle, par la suite, à accoutumer les mains de ses religieuses à l'outil le plus vil comme à l'ouvrage le plus précieux.

Mais à peine quelques mois s'étaient-ils écoulés en ces laborieux travaux, qu'elle entendit un jour crier sous ses fenêtres *la vente des biens du condamné Soyecourt.* A cet instant le cœur de notre digne Mère fut atteint d'un de ces traits qui épuisent, selon l'expression de l'Ecriture, comme goutte à goutte le sentiment et la vie. Un nommé M. Timberk, avocat, lui apprit alors l'exécution de ce père si digne de ses regrets, dont les œuvres, sanctifiées par les sentiments de Foi et de Charité qui l'avaient toujours animé, avaient sans doute déjà franchi l'espace qu'il y a de la terre aux cieux et préparé sa couronne.

M. de Soyecourt avait été arrêté et incarcéré aux Carmes le 12 février 1794; sa détention se prolongea jusqu'au 25 juillet de la même année. Le jour fixé pour son martyre étant arrivé, il descendit de prison avec un petit paquet sous le bras, croyant avoir sa liberté.—« Tu n'as besoin de rien emporter, » lui dit un gardien impitoyable.

Comprenant alors le sort qui l'attendait, il obtint de remonter quelques instants, et alla se jeter aux pieds d'un respectable Ecclésiastique qui, depuis quelques jours, partageait sa captivité et ses souffrances. Il reçut de lui, avec le baiser de paix, la dernière absolution qui devait purifier sa belle âme et la préparer à paraître devant Dieu; puis, le quittant avec le calme et la sérénité que donne la paix d'une bonne conscience, il monta d'un pas ferme dans la fatale charrette qui l'attendait pour le conduire à l'échafaud.

Le saint Prêtre dont nous venons de parler composa à sa louange les vers suivants :

> Dans son âme porter toujours
> Tous les hommes qu'il voit en frères,
> Les convaincre de son amour,
> Sont ses passe-temps ordinaires.

Notre bien-aimée Mère fut donc forcée d'abandonner encore la ferme où elle était. Elle alla trouver sa Mère Prieure qui demeurait tout près de là, au bourg d'Issy ; mais elle était réduite elle-même à la misère et n'eut pas de quoi la loger. Notre digne Mère se trouva alors sans pain, sans asile et dans la plus effroyable détresse. Toutefois celui qui mesure le vent à la laine de la brebis et l'épreuve au cœur de l'homme inspira quelques sentiments de compassion à un membre de la mairie ; il la fit loger dans une maison qui alors n'était pas occupée. Là elle put dire avec le saint Pape Sylvère, exilé et persécuté comme elle : « *Je ne suis nourrie* « *ici que du pain d'affliction et de l'eau d'angoisse ; mais* « *je n'ai pas, pour cela, abandonné mon devoir et ne l'a-* « *bandonnerai jamais.* »

Elle serait restée seule dans cette maison, sans une Sœur converse de sa Communauté, qui, ayant su son délaissement, vint se dévouer pour elle, consacrant à la secourir une somme de 200 fr. qu'elle avait gagnée chez de vieux maîtres, qu'elle servait en qualité de domestique depuis la révolution. Cette bonne Sœur se nommait Catherine, et notre chère Mère, dont l'âme était si profondément reconnaissante, n'en parlait toujours qu'avec attendrissement jusqu'à la fin de sa vie. Voilà jusqu'où la fidélité à la loi de Dieu porta ces deux saintes âmes : elles aimèrent mieux l'une et l'autre mener une vie qui n'était, pour ainsi dire, qu'une mort continuelle, que de se procurer une pension en faisant un serment illicite ; semblables, en ce point, à Moïse, qui, comme dit saint Paul, *aima mieux être affligé avec le peuple de Dieu que de jouir du fruit si court du péché, jugeant que l'ignominie de J. C. était un plus grand trésor que toutes les richesses de l'Égypte.* C'était par cette fidélité héroïque que le Seigneur préparait notre respectable fondatrice aux grands desseins qu'il avait sur elle pour le rétablissement et la gloire du Carmel.

Elle trouva le moyen de faire dans le haut de sa demeure une petite chapelle où plusieurs Ecclésiastiques venaient de temps en temps dire la Messe. Cet humble sanctuaire, décoré avec simplicité par ses mains innocentes, consolait le Seigneur de la suppression de ses anciens temples. Une pieuse Visitandine, qui logeait en face d'elle, dans la privation de tout secours spirituel avant son heureux voisinage, était avertie, par un certain signal dont elles étaient convenues, quand le saint sacrifice allait commencer.

Enfin le moment était venu où le Ciel allait frapper un grand coup sur une tête infiniment coupable. L'infâme Robespierre périt misérablement le 28 juillet 1794, cinq jours après M. de Soyecourt. La décade d'après ce grand événement, notre chère Mère et Mme de la Tour, sa sœur, devaient être exécutées comme nobles, car c'était leur rang sur la liste des condamnés. Plusieurs personnes firent des démarches pour obtenir la permission à notre Révérende Mère de rentrer dans Paris, mais les choses restèrent en cet état jusqu'au jour de sainte Thérèse, 15 octobre.

Cependant sa sœur restait toujours en prison, faute d'asile. Une âme compatissante prit soin de leur faire avoir, sur les biens de Mme de Soyecourt qui n'avaient pas été confisqués, 100 louis pour elles et M. d'Hinnisdal, leur neveu, que Mme de la Tour prit avec elle. Alors notre chère Mère loua, à Paris, un petit logement pauvre et obscur, proche du séminaire du Saint-Esprit. Là encore elle inaugura une chapelle et fit dire secrètement des Messes.

Après la mort de Robespierre, la France, revenue de sa stupeur, sembla respirer un peu ; il fut permis d'ouvrir les Eglises, et un commencement de liberté fut rendu au culte. L'Eglise du séminaire du Saint-Esprit n'avait pas été profanée ; les habitants du quartier mirent un grand zèle pour obtenir de M. l'abbé Boudot, que la révolution avait épargné et qui était resté tranquille dans sa chambre, la permission de la disposer. Il donna les clefs, et aussitôt beaucoup de personnes, parmi lesquelles notre Révérende Mère se trouvait une des premières, vinrent avec des balais pour nettoyer le temple du Seigneur, afin d'avoir, le jour même, la bénédiction du saint Sacrement. M. l'abbé Boudot alla le prendre dans la petite chapelle que notre chère Mère lui avait dressée.

Ah! que de cœurs furent émus lorsque cette foule compacte chanta solennellement le *Tantum ergo* sous ces voûtes depuis si longtemps muettes! Pour notre digne Mère, inondée d'une joie indicible en voyant de nouveau son cher Époux exalté au milieu de son peuple, elle pensa en mourir d'émotion, et elle éprouvait toujours une consolation religieuse et douce lorsqu'elle pensait à ce beau jour.

Notre-Seigneur vint encore, ce même jour, l'honorer de sa divine présence dans sa demeure. Un Prêtre qui cherchait à sauver le saint Sacrement de la profanation à laquelle l'aurait exposé une visite domiciliaire qui devait avoir lieu chez lui l'apporta chez elle en toute hâte, de sorte qu'elle savoura, cette nuit-là encore, ce qu'il y a de bonheur pour une âme fidèle d'habiter avec Jésus sous le même toit.

Son ardent amour pour Dieu et la vivacité de sa foi lui faisaient souvent dire, avec le Prophète : « *Je n'accorderai ni* « *sommeil à mes yeux, ni assoupissement à mes paupières,* « *ni repos à ma tête jusqu'à ce que j'aie trouvé une demeure* « *au Seigneur et un tabernacle au Dieu de Jacob.* » Aussi, après avoir passé six mois dans son petit logement, voyant, à Pâques 1795, que tout le monde sortait de prison et que les oratoires commençaient à s'ouvrir, elle résolut de louer une maison, afin de rappeler auprès d'elle toutes ses compagnes dispersées. La désolation était encore dans Jérusalem, les Prêtres dans les larmes et les humiliations, les sanctuaires du Seigneur profanés, lorsqu'elle vint habiter la maison connue sous le nom de *la Vache noire,* dans la rue Saint-Jacques, où demeurait le respectable M. Duclaux. Le propriétaire lui ayant permis d'abattre quelques cloisons, elle fit une jolie chapelle qui fut très-fréquentée, car en ces temps malheureux la paroisse Saint-Jacques était occupée par un Prêtre constitutionnel. Cette chapelle ayant été bénite, M. de Dampierre y fit mettre les fonts baptismaux, et un enfant du quartier fut aussitôt plongé dans l'eau régénératrice et reçut le nom de Camille. La personne qui l'avait tenu le remit, après la cérémonie, entre les bras de notre chère Mère en lui disant qu'elle ne l'avait présenté qu'en son nom et qu'elle en était la marraine. Grand nombre de pieux ecclésiastiques disaient des Messes dans cette chapelle; elles se succédaient depuis cinq heures du matin jusqu'à midi. Les vrais catholiques s'y pressaient en foule, et l'escalier même était occupé par ces fervents chrétiens, qui ne pouvaient entrer, faute de place. Le dimanche, on y chantait la Grand'Messe et les Vêpres. M. l'Abbé de Boulogne, depuis Evêque de Troyes, ainsi que plusieurs autres grands prédicateurs, venaient y donner des sermons.

La Révérende Mère Nathalie, toujours prieure de la Communauté dispersée et si fortement décimée par la mort de plusieurs de ses membres, vint, avec ses compagnes restées en France, rejoindre notre chère Mère dans sa nouvelle maison, qu'elles habitèrent deux ans et demi.

Lorsqu'elles la quittèrent, M. l'Abbé Emery y établit la Congrégation de Saint-Sulpice en attendant la reconstruction du Séminaire. L'illustre Monseigneur de Quélen, qui, à cette époque, commençait ses premiers pas dans la carrière sacerdotale, était du nombre des jeunes lévites qui l'habitèrent. Il aimait à répéter à notre chère Mère, étant Archevêque de Paris et supérieur de la Communauté, *qu'il lui avait succédé dans la chambre qu'elle avait occupée à la Vache noire.*

Ce fut aussi pendant son séjour en cette maison qu'elle reçut M. de la Blandinière, âgé de quatre-vingt-quatre ans et infirme, lorsqu'il fut obligé de quitter le logement qu'il

occupait. « Je ne puis vivre encore longtemps , disait-il ;
« mais, quand ma carrière finira, je n'aurai pas à me plain-
« dre , comme le roi Ezéchias , que Dieu m'appelle au mi-
« lieu de mes jours. » Lorsqu'il tirait à sa fin , il manifesta
le désir que notre digne Mère ne le quittât plus. « Tout va
« mal quand vous n'êtes pas là, » lui disait-il ; puis faisant
allusion au temps où il la dirigeait : « Madame , vous avez
« été ma novice , à présent je suis le vôtre. » Elle reçut son
dernier soupir, heureuse d'avoir pu prodiguer les derniers
soins à cet homme aussi saint que savant , comparé à saint
François de Sales pour sa piété et son amabilité. Elle conserva en grande partie les lettres qu'il lui écrivit quand elle
était novice ; les ayant emportées avec elle en prison , plusieurs servirent de matière à ses interrogatoires (1).

En 1796 , un décret fut rendu pour que les nobles qui
n'avaient pas émigré rentrassent dans leurs biens ; toutefois
les droits seigneuriaux étaient désormais abolis. En 1797,
plusieurs personnes de mérite conseillèrent vivement à notre
Révérende Mère de recevoir sa part de la succession de son
père : elle ne pouvait se résoudre à rentrer dans la jouissance
de ces biens ; mais elle y fut autorisée par Pie VI, de sainte
mémoire, qui lui fit remettre, par l'illustre exilé Monseigneur
de Juigné , Archevêque de Paris , un bref daté de Rome du
mois de juillet 1797.

Le but de ces respectables autorités , qui la forçaient en
quelque sorte de céder à leur influence , était de sauver
d'une ruine presque certaine l'ancien Couvent des Carmes ;
cette propriété avait été adjugée à un marchand de planches
qui , obligé d'emprunter pour l'acquitter, voulut la vendre
peu de temps après, se proposant, s'il ne trouvait pas d'ache-
teurs , de la démolir pour trafiquer des matériaux. Notre

(1) *L'Ami de la Religion* consacra une intéressante notice à ce saint
Prêtre.

chère Mère, informée de la triste perspective qui attendait ce précieux monument, et excitée par les instances d'un nommé Basset, bouquiniste, homme fort pieux, alla le voir, accompagnée de M. l'Abbé Duclaux. Avec quel religieux émoi elle posa le pied sur le sol de cet édifice, duquel, trois ans auparavant, son vertueux père, après y avoir été incarcéré quatre mois, était sorti accompagné de quarante-quatre autres victimes pour aller à la mort! Elle baisa avec émotion la poussière de cet ancien temple, tout fumant encore du sang des Pontifes sacrés et des Ministres du sanctuaire; ses regards attristés ne se portèrent que sur des ruines, dans ce lieu où naguère ceux des fidèles se reposaient avec tant de bonheur sur les oratoires et les pieuses chapelles qui y étaient établis. M. l'Abbé Duclaux lui dit alors : « Ah! ma« dame, il me semble voir sainte Thérèse vous tendre les « bras et vous promettre son assistance dans une si noble « entreprise. »

Enfin, soutenue par les conseils du sage Abbé Emery et par l'autorisation de ses supérieurs, qui l'encourageaient de tout leur pouvoir au milieu des peines et des difficultés sans nombre qu'elle eut à surmonter, elle traita pour la partie qu'il importait le plus de conserver, celle où se trouve l'Église. Elle fut obligée de se borner là pour le moment, parce que celui qui avait acquis cette propriété ne voulait la lui céder qu'à un prix si considérable, que ce ne fut que dix ans après qu'elle put acheter la seconde partie, qui, par suite des événements, se trouvait dans un état si déplorable, que les réparations absorbèrent des sommes très-élevées. Toutefois, ma Révérende Mère, ce ne fut qu'avec l'assentiment des Révérends Pères Carmes déchaux que notre bienaimée Mère prit possession de leur ancien Monastère.

La Révérende Mère Nathalie, Prieure, et la très-honorée Mère Sophie de Saint-Jean-Baptiste, Sous-Prieure, ainsi que plusieurs autres Religieuses, ses compagnes de foi et de souffrance, ne tardèrent pas à la suivre, se trouvant heureuses de venir habiter avec elle cette terre fertilisée par le sang de tant de généreux martyrs, dont les traces, marquées en différents endroits de la maison, devaient servir à consacrer, dans les siècles futurs, le souvenir de leur douloureux et religieux sacrifice.

Les ruines de cet édifice étaient telles, qu'on ne savait réellement dans quel coin se retirer ni par où commencer les réparations; cependant M. de Pancemont, curé de Saint-Sulpice, dont la paroisse était occupée par un prêtre constitutionnel, cherchait à louer une Eglise pour y reprendre ses fonctions avec son pieux clergé. Notre Révérende Mère consentit à lui céder celle des Carmes, la priant seulement de se charger de la faire disposer d'une manière décente. Ce digne curé voulait prendre des arrangements avec elle et en parla à M. Delaunay, son supérieur; mais celui-ci lui répondit qu'il n'y fallait pas songer, vu que la santé de cette pauvre Mère était en si mauvais état, qu'elle n'avait peut-être pas quinze jours à vivre.

M. de Pancemont s'empressa de faire disparaître de ce sanctuaire les traces du négoce qu'un marchand de vin y avait établi; il fit poser des autels de bois peint en place de ceux qu'on avait arrachés, et le 29 août 1797, les choses étant assez bien disposées, malgré toutes les dévastations qui existaient encore, l'Eglise fut bénite par Monseigneur l'Evêque de Saint-Papoul au milieu d'une grande affluence de monde, car c'était la première Eglise qu'on ouvrait pour des Religieuses. M. le curé fit une quête qui fut d'autant plus abondante, qu'un attendrissement universel avait mis des larmes dans tous les yeux des fidèles, au souvenir des Prêtres qui y avaient été massacrés, et dont le sang paraissait encore sur les murailles. Les fonts baptismaux furent posés dans une chapelle dédiée à sainte Camille. M. le curé, ayant réuni près de lui les anciens Prêtres de Saint-Sulpice, y faisait célébrer les offices avec beaucoup de pompe. MM. de Lalande, Borderies et Frayssinous, ainsi que Monseigneur de Quélen, qui était alors au Séminaire, se faisaient remarquer entre plusieurs jeunes et vertueux ecclésiastiques, par leur zèle à venir seconder dans cette Église les pieux travaux du clergé de Saint-Sulpice, surtout en qualité de catéchistes.

Rien de plus édifiant que les réunions auxquelles présidaient tour à tour ces messieurs dans une grande pièce du rez-de-chaussée, près de l'Église; ce lieu servait aussi à dresser de très-beaux reposoirs pour la fête du Saint-Sacrement. Les confessionnaux, qu'on fit rétablir, attiraient un monde prodigieux. Les fidèles, dont la ferveur était admirable, assistaient très-tard aux prédications; outre les stations d'Avent et de Carême prêchées régulièrement, il y avait habituellement des prônes et des conférences très-instructives.

Cet état de choses dura jusqu'en janvier 1798, époque à laquelle on vint arrêter M. de Pancemont et le conduire hors des frontières de France. Son clergé se dispersa, et le gouvernement, croyant que l'Église appartenait à ce digne ecclésiastique, y fit mettre les scellés. Notre Révérende Mère se hâta, assistée de quelques personnes dévouées, de faire ses réclamations, qui, après bien des difficultés, finirent par être accueillies. Le Clergé de Saint-Sulpice reprit ses fonctions dans l'Église des Carmes, et y resta jusqu'au Concordat. A cette époque, ces messieurs rentrèrent dans leur paroisse; mais, à la grande surprise de notre digne Mère, le gouvernement, après leur départ, fit installer à l'improviste M. de Sambucy comme Curé de notre Église, l'érigeant en succursale. Alors nouvelles et promptes démarches de la part de la légitime propriétaire, qui se présente chez le Ministre avec son contrat d'acquisition, et lui déclare qu'elle ne prétend nullement priver les fidèles de ce sanctuaire, mais y faire célébrer l'Office divin à ses frais, moyennant la permission de Monseigneur le Cardinal de Belloy, Archevêque de Paris. Le ministre consent, quoique avec peine, à cette demande, tandis que Monseigneur de Belloy applaudit à la proposition et donne ordre en même temps à M. de Sambucy de se retirer.

Il arriva, vers ce temps, qu'un détachement de canonniers s'arrêta un matin dans notre quartier. On fit courir le bruit que la pièce de canon qui était braquée devant l'Église était pour tuer le premier prêtre qui monterait à l'autel pour dire la Messe, de sorte que chaque Ecclésiastique, prévenu, à son arrivée, par le concierge, se retirait au plus vite. Notre Révérende Mère, instruite de ce qui se passait et soupçonnant, comme il était vrai, que ces terreurs n'avaient aucun fondement, dit hardiment : « *Eh bien! je vais me tenir moi-même à la porte, et, s'il part, en effet, un coup de canon, je le recevrai.* » La pieuse marquise de W....., qui se trouvait là, s'approcha d'elle et lui demanda de partager le danger avec elle, au cas qu'il y en eût. Elles s'assirent donc toutes les deux à la porte extérieure de l'Église, et, quoique plusieurs entrassent ensuite, il n'arriva aucun accident fâcheux.

A cette présence d'esprit elle joignait une fermeté d'âme dont elle donna des preuves dans les occasions suivantes :

Il y eut, à peu près à cette époque, une réjouissance publique, à laquelle le cœur de notre digne Mère ne se sentit nullement disposé à prendre part. Quand vint le soir, toutes les maisons du quartier furent illuminées, à l'exception de la nôtre. La chose fut remarquée ; aussi le public s'en entretint-il le lendemain. « Madame de Soyecourt, disait-on en plaisantant, a brillé hier par son obscurité. »

On vint une fois, avec de grandes clameurs, durant les jours sinistres de la révolution de 1850, demander qu'on abattît la Croix du dôme de l'Église des Carmes. Notre Révérende Mère répondit avec calme et fermeté : « Tout l'édifice s'écroulera avant que je permette que la Croix soit arrachée de son sommet. » Elle se contenta de faire disparaître, un peu plus tard, les fleurs de lis qui figuraient aux extrémités de cette Croix.

Pour revenir à **M. de Sambucy**, il ne se retira que vers la fin de septembre et fit emporter tous les objets appartenant à la paroisse Saint-Sulpice qui décoraient l'Église. Cependant notre digne Mère désirait faire célébrer avec une grande solennité la fête de notre sainte Mère Thérèse, le 15 octobre suivant. Elle fit donc venir un grand nombre d'ouvriers pour les réparations urgentes, et on cacha les autres avec des tapisseries, de sorte que, le jour de sainte Thérèse, l'Église se trouva si magnifiquement ornée et la fête fut si belle, que l'oncle de notre chère Mère, M. le marquis de Bérenger, s'écria : « Ah! sans nul doute, ma chère nièce « est folle, et elle ira mourir à l'hôpital. » Mais elle ne recula jamais devant les sacrifices les plus onéreux lorsqu'il s'agissait d'orner les temples du Seigneur, et il est vrai de dire qu'elle fut assistée d'en haut par des ressources providentielles. Elle recouvra et fit mettre en leur place presque tous les anciens tableaux de l'Église des Carmes que la révolution avait arrachés de ce pieux asile ; elle eut même la satisfaction de retrouver chez un marchand de bric-à-brac le tableau qui ornait le maître-autel du chœur de la chapelle de sa Communauté, rue de Grenelle, lequel représente sainte Thérèse en extase ; elle lui rendit sa place d'honneur dans notre petit sanctuaire actuel, et au moment qu'on le posait, appuyée sur le bâton que son âge débile lui rendait alors nécessaire, elle dit naïvement, s'adressant à sainte Thérèse : « *Ma bonne Mère, on vous avait vendue, je vous ai rachetée ; vous voilà replacée : Laudate Dominum omnes gentes, etc.* »

L'éminentissime Cardinal Antoine Barberin, Camerlingue

de la sainte Église romaine, avait autrefois fait don à l'Eglise des Carmes d'une belle statue en marbre de la très-sainte Vierge portant son divin enfant ; c'était un objet d'art exécuté par un excellent sculpteur de Rome. Par suite de la dévastation des Carmes, cette statue avait été placée dans la métropole de Paris. Par le conseil de Monseigneur de Belloy, notre Révérende Mère écrivit au premier Consul, afin d'obtenir qu'elle fût rendue à son ancienne destination. Bonaparte accueillit sa demande, à condition, toutefois, qu'elle se soumettrait à la décision du Chapitre, qui, contre toute attente, s'y opposa : elle en fit donc mouler une en plâtre sur l'original, et la nouvelle statue fut placée dans la chapelle de la très-sainte Vierge.

A peu près à la même époque, on lui en apporta une autre bien précieuse pour nous par les souvenirs qui s'y rattachent. Un jeune homme nommé M. de Villefoix, étudiant sous la direction d'un précepteur, pendant la révolution, afin de pouvoir être prêtre, fut martyrisé, pour la Foi, avec son maître dont il ne voulut pas se séparer. Ce saint jeune homme, qui avait dans sa chambre la statue dont nous parlons, recommanda, avant de mourir, qu'on la donnât à des Carmélites, et ce fut par suite de ce vœu de son cœur qu'elle nous fut remise. Elle est maintenant dans notre chœur, au-dessus de la grille, sous le titre de Notre-Dame de Consolation.

Cependant notre chère Mère faisait continuer activement toutes les réparations du temple de Dieu. Elle dépensa pour ce sujet, en cette seule année, 30,000 fr. ; et à combien d'autres pieuses prodigalités ne se livra-t-elle pas encore dans le même but ! Elle fit faire le tableau du maître-autel représentant la mort de notre glorieux Père saint Joseph, et, pour tout dire en un mot, elle mit cette Eglise dans l'état de splendeur où on a pu la voir depuis.

Elle ne négligea pas la restauration du chœur des Religieux, d'autant plus que le local n'ayant pas permis que nous pussions jamais en avoir un convenable proche de l'Eglise, nous jouîmes, par un privilége particulier, jusqu'à notre sortie de cette sainte Maison, de la présence du très-saint Sacrement dans un chœur intérieur.

Mais elle donna particulièrement ses soins à la chapelle des Martyrs, située au bout de notre jardin, dont les murs sont encore teints du précieux sang de ces courageuses victimes et labourés par les balles.

Ce lieu si vénérable avait été entièrement profané, et avait même servi de décharge pour la nourriture des animaux. Elle se hâta de faire disparaître les traces de ces indignités. Néanmoins, tout en décorant ce petit sanctuaire d'une manière digne de sa sainteté, elle conserva soigneusement les marques ensanglantées qu'on y apercevait. Des étrangers de toutes les parties du monde venaient souvent visiter ce monument historique, auquel se rattachent des souvenirs à la fois si tristes et si glorieux. Elle fut bénite et consacrée, au mois de mai 1815, sous l'invocation de saint Maurice et de ses compagnons, martyrs, par M. l'abbé d'Astros, grand Vicaire de Paris, aujourd'hui Archevêque de Toulouse. Nous avions l'honneur de l'avoir alors pour supérieur.

Avant le mois de juillet 1830, on célébrait, le 2 septembre, dans notre Eglise des Carmes, avec grande solennité, une fête dite *de l'Expiation*, en mémoire du massacre des martyrs. Nos pieuses princesses s'y rendaient pour entendre le sermon, et tout ce qu'il y a de grand dans l'Eglise de Dieu tenait à honneur d'y venir offrir le saint Sacrifice; aussi s'y disait-il des Messes depuis six heures du matin jusqu'à midi.

Nous ne pouvions faire un pas dans cette sainte Maison, sans y retrouver des souvenirs qui parlaient bien haut à nos cœurs.

Le troisième arbre de notre grande avenue de tilleuls nous rappelait le martyre du vénérable Archevêque d'Auch, M. Dulau. Un autre Ecclésiastique, dont nous ignorons le nom, avait succombé près du bassin situé au milieu du jardin ; son gros Bréviaire, qu'il portait sur lui au moment de son martyre, fut trouvé, dans cet endroit, entièrement transpercé d'une balle et teint de son sang ; il est actuellement parmi nos Reliques. En face de notre réfectoire avait eu lieu le principal massacre dont nous voyions, chaque jour, avec attendrissement les marques vénérées.

Ce fut surtout après que par les soins de notre digne Mère Camille non-seulement l'Eglise, mais encore le Couvent eurent repris leur aspect monastique, que nos yeux contemplèrent avec liberté, dans le silence de cette pieuse solitude, tous les grands objets qui nous environnaient. Alors aussi nous sentîmes combien nous étions redevables à notre Révérende Mère pour tant de peines qu'elle s'était données, et nous fûmes plus que jamais pénétrées de reconnaissance envers elle. Nous reportions nos esprits au moment de l'entrée de nos premières Mères au milieu de toutes ces ruines. « Il est impossible, nous dirent quelques-unes d'entre « elles, de se figurer l'état de délabrement dans lequel « était ce Monastère. Il y avait tant de décombres, qu'on « ne savait comment poser les échelles pour commencer les « réparations. Aucun lieu n'était habitable ; il n'y avait ni « portes ni fenêtres. On balayait la neige dans l'intérieur « de la maison comme dans un jardin. Des framboisiers « seuls nous séparaient de nos voisins. »

Pénétrées de ces tristes souvenirs, nos âmes, profondément touchées, rendaient grâces au Seigneur et bénissaient la femme forte dont il avait daigné se servir pour opérer, en ces lieux, les choses dont nous étions les témoins. Ce qu'il y a de plus admirable, c'est que ces travaux si importants ont été dirigés, avec autant de goût que d'intelligence, par notre Révérende Mère Camille elle-même. Quant aux mémoires des ouvriers, ils étaient toujours soldés par elle avec la plus grande exactitude, à la fin de chaque année.

Une personne illustre qui avait partagé la captivité de M. le comte de Soyecourt et qui avait eu à déplorer, en ces tristes conjonctures, des pertes bien douloureuses auxquelles il lui fallut néanmoins survivre, apprenant l'acquisition que notre chère Mère avait faite du Monastère des Carmes, lui témoigna de cette sorte sa respectueuse sympathie :

« Madame, édifié cinq mois, dans le lieu de votre habita-
« tion actuelle, des exemples touchants que n'a un seul
« instant cessé de me donner M. votre père, sans offenser
« votre délicatesse, qu'il me soit permis, madame, de vous
« représenter que, appelés tous deux aux mêmes souvenirs,
« le malheur a mis, sous ce rapport, entre nos âmes une
« sorte d'affinité. Hélas ! entraîné par ce sentiment, j'ose
« mettre ici à vos pieds les pleurs que, dans le recueille-
« ment de la solitude, m'a déjà plusieurs fois fait verser le
« tableau que je me représente, par la pensée, du monu-
« ment que votre piété filiale vous a fait élever au lieu
« même où ce vertueux père, triste victime de la plus noire
« calomnie, semblait, par une perpétuité de secours par
« lui versés avec joie dans le sein des malheureux, par une
« continuité d'œuvres louables, enfin par le chant journa-
« lier des plus belles hymnes de l'Eglise, dont sa mémoire
« était remplie, se préparer toujours à son dernier sa-
« crifice.

« Plus la séparation cruelle de tous les siens a pu coûter
« d'efforts à la sensibilité de son cœur, moins nous pouvons
« douter qu'il n'en ait été recueillir le prix devant le Dieu
« de toute miséricorde. »

L'adorable sacrifice de nos Autels fut offert pour la première fois dans ce pieux Monastère en présence de nos anciennes

Mères, cinq jours avant la bénédiction solennelle de l'Église,
le 24 août 1797, fête de saint Barthélemy, anniversaire de
la fondation de la première Maison de Carmélites qui suivirent, en Espagne, la réforme de notre sainte Mère Thérèse.
M. de Pancemont célébra cette Messe dans une petite chapelle dédiée à notre Père saint Joseph , laquelle, ayant été
murée pendant la révolution, n'avait pas été profanée. Après
la Messe , il adressa une touchante allocution aux douze
Religieuses qui entouraient l'Autel.

La Révérende Mère Nathalie de Jésus étant décédée le
5 juin 1798, M. Delaunay, supérieur, ne voulut pas qu'on
fît alors d'élection, à cause des troubles civils qui existaient
encore, et décida que la très-honorée Mère Sophie de Saint-
Jean-Baptiste, Sous-Prieure, gouvernerait la Maison jusqu'à
nouvel ordre. Deux ans et demi plus tard, MM. de Juge de
Brassac, anciens visiteurs, présidèrent à l'élection, qui mit
notre Révérende Mère Camille à la tête de la Communauté.
La Mère Sophie fut continuée Sous-Prieure; mais son grand
âge ayant obligé de faire, peu après, une nouvelle élection,
la Sœur Philippine, professe de la Communauté de la
rue de Grenelle, fut appelée à lui succéder. La première
Novice de notre Carmel reçut, en 1806, le saint habit des
mains de Son Eminence le cardinal Spina, Archevêque de
Gênes. Mais cette bien-aimée Sœur, que le Seigneur daigne
nous conserver encore pour notre édification, fut contrainte,
par le malheur des temps, de ne le porter, ainsi que ses
pieuses compagnes, que secrètement et comme à la dérobée. Elles s'en revêtaient pendant leurs retraites annuelles,
et remettaient ensuite le modeste costume qu'avaient tem-
porairement adopté nos chères Mères, en attendant les moments de Dieu.

Ce même motif de la situation des affaires politiques
rendit encore inutiles les tentatives que fit vers ce temps
notre respectable Mère pour rétablir la clôture, qu'elle avait

même déjà essayé de remettre plusieurs fois, avant qu'aucune autre communauté eût osé l'entreprendre. Les supérieurs ecclésiastiques, et en particulier l'un des grands Vicaires, lui conseillèrent de différer par mesure de prudence.

Le poids redoutable de l'autorité, que N. S. rendit encore plus accablant par l'état de souffrance habituelle et la multitude d'affaires qui assiégeaient alors notre Révérende Mère Camille, aurait pu faire faillir tout autre courage que le sien. Mais, comme son âme marchait devant Dieu dans une voie droite et parfaite, il lui donna les moyens et l'énergie nécessaires pour gouverner sa Maison et continuer en paix ses travaux. Voici quelques résolutions qu'elle prit à cette époque, et que nous avons trouvées écrites de sa main :

« M'étant dévouée totalement à Dieu, il ne m'est plus
« permis d'avoir d'autres affections que pour lui ou par
« rapport à lui ; ainsi toute attache, désir, projet, affection
« qui partageraient mon cœur ou le détourneraient de Dieu
« ne doivent plus l'occuper. Toutes les peines et les cha-
« grins que j'ai, je dois les recevoir comme venant de Dieu
« et comme un moyen de me détacher et de me sanc-
« tifier.

« Je dois beaucoup me modérer dans toutes les choses
« où je me sentirais trop d'activité et qui me porteraient à
« la dissipation. »

Une pensée religieuse et filiale fixa le choix de notre chère Mère relativement à la cellule qu'elle occupa pendant son long séjour en ce Monastère. Cette cellule était froide et exposée au nord ; mais, malgré les infirmités de sa vieillesse, elle ne voulut jamais la quitter, sinon deux ans avant son départ de la Maison des Carmes, lorsque, à la suite d'une dangereuse maladie, le médecin ordonna qu'elle fît usage d'un matelas et qu'elle ne quittât plus l'infirmerie. Elle habita donc pendant quarante-cinq ans l'endroit même où son père

avait été prisonnier. Dans un petit enfoncement était collée
une gravure ; c'était le portrait de M. de Soyecourt ; on lisait
au bas :

> Quand ta fille, ô mon père, à sa douleur succombe,
> Et pleure, nuit et jour, sur ton funeste sort,
> La Foi parle à son cœur, et grave sur ta tombe
> Qu'un éternel bonheur est le prix de ta mort.

Ailleurs on lisait encore :

> Mon tendre père ici passa ses derniers jours,
> Il eut, quittant ce lieu, la palme du martyre...
> Mon cœur poursuit la trace, en ce triste séjour,
> Des vertus dont toujours il fit aimer l'empire.

Notre Révérende Mère Camille fit aussi réparer et aérer,
par la suite, les caveaux destinés à la sépulture ; elle entreprit ces travaux avec l'assentiment du gouvernement, après
avoir obtenu la permission d'y faire enterrer les Religieuses
devenues les heureuses habitantes de cette sainte Maison.
Onze d'entre elles y reposent dans la paix du Seigneur et
l'espérance de la résurrection, ainsi que M. l'abbé de Rigaud,
notre très-honoré Père Visiteur, Vicaire général de Cam-
bray, décédé le 20 octobre 1800. La cérémonie de ses obsèques a été trop édifiante pour n'en pas consigner ici
quelques détails mis à la fin d'une notice qui a été faite par
nos deux Pères de Juge de Brassac, ses neveux, anciens visiteurs généraux de notre saint Ordre. Ils satisferont, nous
n'en doutons pas , plusieurs de nos nouveaux Carmels à
la connaissance desquels ils pourraient n'être point par-
venus.

« La Révérende Mère Camille de Soyecourt , qui avait

« donné tant de preuves de son attachement et de sa con-
« fiance envers le respectable M. de Rigaud pendant sa
« vie, a témoigné le plus grand désir, ainsi que tout le
« Carmel, de posséder sa précieuse dépouille après sa
« mort ; elle présente une pétition aux autorités consti-
« tuées, à l'effet d'obtenir qu'elle soit déposée aux Carmes
« et que ce soit le lieu de sa sépulture. C'est là la terre
« des saints, et les cendres d'un confesseur de Jésus-
« Christ ne peuvent-elles point être réunies aux ossements
« et au sang des généreux martyrs de Jésus-Christ? Sa
« requête est appointée, et, dès les neuf heures du matin,
« le 22 septembre 1800, ce corps vénérable, si souvent le
« sanctuaire de la Divinité, est porté à l'Eglise paroissiale
« de Saint-Jacques-du-Haut-Pas ; on y fait un premier
« service solennel. De cette première Eglise paroissiale et
« catholique, on le transporte à l'Eglise ci-devant désignée ;
« plus de soixante Carmélites des anciens Monastères de
« Paris ou des environs, vêtues en blanc, le reçoivent à la
« porte d'une vaste cour, et l'accompagnent jusqu'au mi-
« lieu de l'Eglise. M. Duval, si souvent captif et confesseur
« du nom de Jésus-Christ; M. Duval, le chef du culte ca-
« tholique dans l'Eglise de Saint-Jacques-du-Haut-Pas,
« présente le corps à M. de Pancemont, digne curé de
« Saint-Sulpice, dont les talents, le zèle, la pureté et la
« vivacité de la Foi sont au-dessus de tous les éloges, et
« commence ainsi sa touchante allocution :

« Respectable Pasteur,

« C'est avec bien de la consolation que, déférant au
« vœu unanime dicté par la piété et la reconnaissance des
« vierges du Carmel, et en particulier de celle qui leur
« tient lieu de mère, nous venons déposer dans cette
« Eglise la dépouille mortelle de l'homme immortel dont
« la mémoire ne périra jamais. Ces précieuses dépouilles,
« réduites en poussière, passeront, par le bienfait de la

« résurrection, dans cet état de gloire et d'immortalité qui
« est le prix de la vertu.

« Nous n'entreprendrons point de tracer ici son éloge; la
« douleur profonde de ses proches, les larmes amères de
« ses vertueux amis, la juste affliction de tous les gens de
« bien le louent d'une manière plus énergique que nous
« ne saurions le faire; ce sont surtout les gémissements et
« les sanglots des chastes colombes du mont Carmel, les
« larmes des filles éplorées de sainte Thérèse qui publient
« maintenant les vertus de leur Père. Quel ne fut pas, en
« effet, pendant près d'un demi-siècle qu'il administra
« cette sainte famille, son zèle pour sa perfection et sa pro-
« pagation ! »

« Une prudence consommée présida toujours à sa con-
« stante sollicitude; il encourageait, il fortifiait, il animait
« ses différents membres par les salutaires avis de sa ten-
« dresse plus que paternelle...

« Eh! qui mieux que lui a jamais mérité que ses cendres
« vénérables vinssent se confondre avec celles de tant de
« glorieux martyrs qui attendent en paix, en ce lieu, la
« gloire de la résurrection? »

Nous citerons seulement, ma Révérende Mère, le passage
suivant de la réponse que fit M. de Pancemont :

« MONSIEUR,

« C'est avec une vive reconnaissance et une tendre affec-
« tion que nous recevons le corps du respectable défunt
« que vous nous présentez. Il était juste que ses précieuses
« dépouilles fussent transportées dans un temple que nous
« devons à la piété d'une vierge du Carmel, que la recon-
« naissance et la vertu en désignaient la bienfaitrice. Il
« était juste que la Révérende Mère Camille de Soyecourt

« donnât cette nouvelle preuve de son zèle pour tout ce qui
« peut contribuer à la gloire de Dieu et au salut des âmes,
« de ce zèle qui caractérise les filles de sainte Thérèse.

« Nous avons tous connu la vie du respectable défunt qui
« excite nos regrets; elle a été une fidèle copie de celle de
« Jésus-Christ, parce qu'elle a été une vie laborieuse, péni-
« tente et pleine de mérites.

« Chargé depuis longtemps du gouvernement des filles
« de sainte Thérèse, de ces vierges du Seigneur uniquement
« appliquées à la contemplation, dont toute la conversation
« est dans le Ciel, et qui, dispersées ou réunies, seront,
« dans l'univers chrétien, la gloire de l'Église et le triom-
« phe de la grâce de Jésus-Christ, avec quel zèle, quelle
« prudence, quelle douceur n'a-t-il pas rempli cette im-
« portante fonction! Il s'est montré le père de ces saintes
« filles, et le père le plus tendre comme le plus vigilant;
« aussi en avait-il mérité l'estime, la confiance, l'amour et
« la vénération.

« Sa mort ne doit nous affliger que pour nous-mêmes et
« pour ses chères filles; elle a été, comme celle de tous les
« justes, précieuse devant le Seigneur. »

M. l'Abbé Delaunay, supérieur de notre communauté de
la rue de Grenelle, Chanoine et Archidiacre de l'Église de
Notre-Dame de Paris, décédé, le 15 avril 1804, dans la quatre-vingt-unième année de son âge, désira et obtint aussi
d'être inhumé dans nos caveaux. Le Chapitre de la Métropole
députa quatre Chanoines pour accompagner et présenter le
corps dans notre Église. Notre Très-Honoré Père de Juge de
Brassac, connaissant les importants services qu'il avait rendus à la Communauté de Grenelle, dont il avait été si longtemps le Supérieur local, et en particulier à notre digne
Mère Camille, s'exprima de cette sorte à sa réception :

« Messieurs;

« Je me félicite d'être l'heureux interprète des senti-
« ments et des dispositions d'une digne fille de sainte Thé-
« rèse, choisie par la divine Providence pour être à la tête
« d'un rassemblement dans lequel on retrace les vertus re-
« commandées et pratiquées par l'illustre réformatrice du
« Carmel.

« La Révérende Mère Camille est pénétrée, Messieurs, de
« la plus vive reconnaissance de ce que votre illustre corps
« veut bien déposer dans ce temple auguste, infiniment
« précieux aux yeux de la Religion, les vénérables dépouilles
« d'un ancien Supérieur du Carmel, plus recommandable
« encore par ses lumières et par ses vertus que par les pre-
« mières dignités et par les places distinguées qu'il a si di-
« gnement remplies dans votre Métropole, etc....... »

Les deux Cardinaux de la Luzerne et de Bausset, ainsi
que M. l'Abbé Legris Duval, reçurent aussi leur sépulture
dans cette terre des saints ; mais la loi de 1856 nous inter-
dit la douce consolation de pouvoir déposer la dépouille mortelle de nos bien-aimées Sœurs dans ce champ du repos, où,
de leur vivant, elles avaient tant envié de dormir leur dernier sommeil.

Tant que nous avons habité cette terre bénie, nous avions
la pieuse coutume d'aller en procession, chaque année, ra-
fraîchir et consoler, par l'eau lustrale de la religion et par
la rosée de la prière, les saintes âmes dont la dépouille mortelle avait été confiée à la garde de notre piété.

Quelques journaux hostiles publièrent, en ces temps orageux, contre notre Révérende Mère Camille, plusieurs articles sanglants qui ne l'intimidèrent jamais.

A ses embarras domestiques se joignait la sollicitude d'une

multitude d'affaires extérieures qui réclamaient souvent sa vigilance et ses soins. A la tête d'une fortune considérable, obligée de gérer celle de son jeune pupille, elle vérifiait dans sa conduite ces paroles de l'Écriture : *Pensez à Dieu dans toutes vos voies, et il conduira lui-même vos pas.* Une piété éclairée, un discernement juste, une grande étendue d'esprit, un talent singulier pour parler et pour écrire, tels étaient les dons que la libéralité du Seigneur lui avait départis. Dieu ayant voulu rendre notre Révérende Mère Camille, à l'imitation du Pontife par excellence, compatissante aux misères humaines pour les avoir elle-même éprouvées, avait pris soin de la faire passer, comme nous l'avons vu, par les situations les plus pénibles ; cette expérience avait donné à la bonté et à la générosité naturelles de son cœur une nouvelle inclination à se communiquer, et elle en donna des marques sans nombre. Tous ceux qui l'ont connue peuvent dire, avec nous, que cette amie du malheur savait soulager et guérir toutes les douleurs, bander toutes les plaies, et qu'elle ne laissait passer presque aucun jour sans essuyer les larmes de l'infortune. Aussi notre notaire remarqua-t-il avec intérêt, après son décès, le nombre prodigieux de lettres trouvées en ses papiers, qui attestaient la multitude de ses bienfaits ; ce n'en était cependant pas la millième partie, car elle brûlait presque toutes les lettres de remercîments qu'elle recevait, à moins qu'elles ne renfermassent quelque autre chose qu'elle eût à cœur de conserver.

Livrée à toutes sortes de bonnes œuvres, la position précaire du clergé, dans ces temps désastreux, lui fournissait l'occasion de les multiplier. Nos Supérieurs et visiteurs devinrent les premiers objets de sa sollicitude. Les maisons de notre ordre qui tentaient de se rétablir furent aussi puissamment et constamment aidées par elle, et sous ce rapport son seul souvenir doit faire battre dans bien des cœurs l'élan de la reconnaissance.

Combien de bons Prêtres bénissent sa mémoire et reconnaissent devoir à ses bienfaits la place qu'ils occupent dans le Sanctuaire! Quel soin ne prenait-elle pas de fournir d'ornements décents les respectables Pasteurs des paroisses de ses terres; avec quel zèle y pourvoyait-elle à l'éducation des jeunes enfants; avec quelle généreuse libéralité consolidat-elle les pieuses fondations de ses ancêtres pour les écoles, les pauvres, etc.! Aussi combien les cœurs lui sont-ils dévoués parmi ces simples et bons habitants des campagnes, qui ont tout dit quand ils ont prononcé le nom vénéré de madame Camille! C'était à tous qu'elle faisait du bien. Un jour, un respectable Ecclésiastique, venant dire la Messe dans notre Église, rencontra un homme de sa connaissance que de pressants besoins pécuniaires avaient réduit à un tel désespoir, qu'il avoua à ce digne Prêtre son intention de se pendre. Celui-ci le prie d'attendre son retour dans sa propre chambre, l'assurant qu'il va trouver une ressource certaine. Il accourt en toute hâte vers notre charitable Mère, à laquelle il confie cet affreux secret, et retourne bientôt près de cet infortuné avec la somme de 400 francs, qui l'arrache à une mort criminelle et lui prolonge une vie qu'il a été ensuite dévouer à toutes les rigueurs de la pénitence, au Monastère de la Trappe.

Une autre fois, le portier lui amène de force un homme qu'il avait surpris s'emparant des cierges de la chapelle de la Sainte-Vierge. Notre digne Mère interroge ce pauvre homme sur les motifs de son larcin : « Hélas! madame, ré-« pondit-il, ma misère est extrême; ne sachant comment « faire pour me procurer quelques secours, je me suis mis « à genoux devant la chapelle de la Sainte-Vierge, et, après « lui avoir exposé l'affreuse misère dans laquelle je me « trouve, je lui ai demandé la permission de faire cette ac-« tion; j'ai cru comprendre intérieurement que, voyant « mon besoin, elle y consentait. » Notre chère Mère ne put s'empêcher de rire de la simplicité de ce pauvre homme, et, pour tout châtiment, lui fit donner un pain de 4 livres, après lui avoir fait sentir la gravité de sa faute. Le portier, voyant cela, dit : « *Si c'est ainsi que madame punit les voleurs, ils* « *ne manqueront pas de venir ici.* »

Elle logea l'espace de dix-sept ans et entretint à ses frais le célèbre Père Guillou, dont le nom est encore en vénération parmi les vétérans du Sacerdoce. Ce zélé Missionnaire composait des cantiques spirituels et prenait plaisir à les envoyer à nos bonnes Mères, afin qu'elles les chantassent à l'heure de la récréation. Ayant vu un petit Paradis terrestre en cartonnage qu'une de nos Sœurs avait fait pour la fête de notre vénérée Mère Camille, il composa à ce sujet les vers suivants :

> Eve, de funeste mémoire,
> Changea bientôt, pour ses enfants,
> Le Paradis en Purgatoire,
> Des plaisirs purs en des chagrins cuisants ;
> Mais aujourd'hui notre Mère Camille,
> Trompant l'espoir de l'ancien séducteur,
> A su changer, pour sa famille,
> Le séjour de la mort en celui du bonheur.

Il resta, jusqu'à sa mort, dans la partie extérieure du Monastère, dirigeant quelques personnes pieuses, dont plusieurs appartenaient aux classes les plus élevées de la société. Durant sa dernière maladie, quelqu'un s'entretenait devant lui de la libéralité de notre digne Mère. « Qui connaît mieux « que moi, dit-il, la générosité de la Révérende Mère Ca- « mille! aussi, en reconnaissance de ses bienfaits à mon « égard, lui ai-je légué l'échelle de ma bibliothèque. » Nous avons encore, ma Révérende Mère, cette précieuse échelle, qui nous est très-utile pour notre librairie.

Notre digne Mère eut, néanmoins, quelquefois à supporter, dans le cours de sa longue carrière, des croix très-sensibles que lui occasionna l'ingratitude de quelques cœurs méconnaissants. Notre-Seigneur la chérissait trop pour la priver de cette conformité avec lui. Il permet souvent que les bons cœurs soient éprouvés par les services mêmes qu'ils rendent, et c'est pour eux un grand avantage ; car, sans ce secours que Dieu leur ménage pour purifier leurs intentions, l'attrait qu'ils ont à faire du bien les porterait à agir trop naturellement, et réduirait leur récompense aux faibles témoignages d'une reconnaissance passagère, qui, en les attachant, leur ferait perdre de vue celui seul pour qui nous devons agir. Notre chère Mère l'éprouva et sut, en cela, respecter les desseins de la Providence, qui veillait à sa perfection. Nous pouvons lui appliquer ces paroles du Psalmiste : « *Oh! qu'elle* « *est douce la présence de l'homme qui ouvre son âme à la* « *pitié et ses trésors aux malheureux!* »

Désireuse de sauver les restes du peuple saint et sachant que plusieurs Carmélites, semblables aux filles d'Israël exilées à Babylone, murmuraient depuis longtemps, sur la rive étrangère, le Psaume *Super flumina Babylonis*, et ne rêvaient que la sainte Sion, elle accueillit avec désintéressement toutes celles qui lui demandèrent entrée dans son Monastère, en attendant que les leurs pussent se rétablir. Plusieurs s'écrièrent en y entrant : « *C'est ici le lieu de mon repos, et je ne le quitterai jamais.* » Elle les traita comme ses filles, et nous avons encore au milieu de nous deux vénérables Sœurs, plus qu'octogénaires, l'une de l'ancien Carmel d'Arbois, l'autre de Trévoux, qui font le bonheur et l'édification du nôtre.

Sept religieuses de la Communauté de la rue de Grenelle, détenues, durant dix-huit mois, à Sainte-Pélagie, pendant la Révolution, dans des cachots infects, où leur patience avait été continuellement éprouvée tant par les nombreuses privations qu'elles avaient eu à y souffrir que par l'affreuse compagnie qui y était renfermée avec elles, étaient allées, après avoir recouvré leur liberté, demander à leurs Sœurs de Flandre, à Termonde, une hospitalité que leur propre Communauté avait naguère accordée à ce Carmel de Flandre. Après sept années passées, comme elles, sur un sol étranger, elles vinrent retrouver leur ancienne compagne, notre chère Mère Camille, qui, devenue Prieure et fondatrice, les reçut à bras ouverts. L'une de ces pieuses exilées, qui n'avait jamais pu apprendre la langue du pays, était dans la nécessité d'avoir, à confesse, une interprète qui répétait en flamand ce qu'elle disait en français. Oh! ma Révérende Mère, quelle épreuve, et combien elle fut sensible à cette sainte âme!

Ces bonnes Mères se rappelaient avec attendrissement que, pendant leur détention à Sainte-Pélagie, Monseigneur de Lalande, alors simple Ecclésiastique, élevé depuis sur le siége épiscopal de Rodez, se présentait, toutes les semaines, à la porte de la prison, déguisé en marchand de vin, portant un panier de bouteilles sur sa tête. Après avoir sollicité et obtenu son entrée, il déposait sa charge, entendait les confessions et exhortait à la patience les religieuses renfermées en ce lieu, appelé alors *le vestibule de la mort*, parce que les grandes charrettes désignées par les détenus sous le nom de *bierres roulantes*, qui y amenaient les prisonniers, en ressortaient aussitôt chargées d'autres victimes, pour les conduire à l'échafaud.

Mais, ma Révérende Mère, des jours de gloire et d'épreuve étaient encore réservés à notre digne Mère Camille; son âme grande et forte allait de nouveau avoir à lutter contre les rigueurs d'un pénible exil. Ses chères filles jouissaient tranquillement des heureux effets de son gouvernement et goûtaient, sans doute, une joie trop vive de l'avoir à leur tête, pour que Dieu ne se hâtât pas de leur rappeler que le bonheur n'est jamais sans mélange ici-bas, surtout pour les élus. Voici quelle fut l'occasion de cette nouvelle et douloureuse affliction.

Lorsque le souverain Pontife, détenu à Savone, était en butte à la plus horrible tyrannie, notre chère Mère eut l'honneur insigne de pouvoir être de quelque utilité aux cardinaux résidant à Paris, qui partageaient les travaux et les tribulations de l'immortel Pie VII. Ces princes de l'Eglise daignaient lui donner, en échange de sa compatissante charité, les marques les plus certaines d'une bienveillance affectueuse. Ils venaient souvent la visiter et semblaient se consoler, au milieu des Epouses de J. C., de leurs vives et poignantes douleurs. L'un d'eux, Son Eminence le cardinal Fontana, composa un emblème qu'il envoya à notre chère Mère, à l'occasion de la fête de sainte Camille, avec les vers suivants au bas :

> Que le zèle est brûlant qui reluit dans Camille,
> Du culte du Très-Haut et du bien du prochain !
> Faut-il s'en étonner ! le même dard divin
> Qui transperça la mère a transpercé la fille.

Dans une autre circonstance, il lui offrit encore ceux-ci, sur un emblème représentant les sacrés Cœurs de Jésus et de Marie, et celui de sainte Thérèse au-dessous :

> D'une lance Jésus et Marie d'une épée ;
> Mais Thérèse eut d'un dard la poitrine percée.
> Ah ! quelle ressemblance heureuse et singulière
> De l'épouse à l'époux, de la fille à la mère !

Les généraux d'Ordres, les Prélats et autres Ecclésiasti-

ques de distinction, qui arrivaient à Paris, tenaient à honneur de venir offrir le saint Sacrifice dans l'ancienne Eglise
des Carmes, autrement dite l'Eglise des Martyrs.

Le Cardinal di Pietro fut un de ceux envers lesquels notre
chère Mère signala le plus son active charité. Son Eminence
avait d'abord choisi pour sa demeure un des colléges de la
capitale. Napoléon lui témoigna un jour tant de mauvais
vouloir, que le principal, effrayé, lui signifia, le lendemain à
son réveil, de vouloir bien se retirer, parce qu'il craignait
que sa présence ne compromît son établissement. Monseigneur de Mazenod, alors jeune Ecclésiastique du Séminaire
de Saint-Sulpice, et qui occupe aujourd'hui, avec tant d'é-
clat, le siége de Marseille, surprend l'illustre persécuté au
pied de son Crucifix, demandant à Dieu des forces pour supporter cette nouvelle croix. Le Cardinal lui avoue la position
où il se trouve, n'ayant que 6 fr. sur lui ; celui-ci, sans perdre
de temps, accourt à notre digne Mère, qui le charge d'inviter
Son Eminence à venir honorer de sa présence la Maison des
Carmes, où il trouvera un asile dans les bâtiments exté-
rieurs. Le Cardinal, pénétré de reconnaissance, s'empresse
de venir, avec son secrétaire et ses deux domestiques, remercier notre Révérende Mère, qui le prie de recevoir un
billet de 1,000 fr. pour acheter des meubles ; elle lui offrit
aussi les clefs d'un jardin qui était une dépendance du
nôtre, quoiqu'il en fût distinct, lui disant agréablement :
« Monseigneur, vous avez tenu quelque temps les clefs de
« saint Pierre (le Cardinal, après la mort de Pie VI, avait
« été chargé quelque temps des pouvoirs du Pape), veuillez
« accepter maintenant celles du jardin des Carmélites, pour
« vous y promener à votre gré. » Le vénérable Prélat ne
resta que peu de temps dans ce nouveau séjour, car il dut
céder, ainsi que tous les autres Cardinaux résidant à Paris,
à la tempête qui les dispersa en plusieurs provinces de
France.

Monseigneur de Gregorio, qui n'était alors que simple Prélat, n'ayant pas été compris dans le décret d'exil des Cardinaux, venait souvent visiter notre chère Mère; mais, au commencement de janvier 1814, il fut mis en prison et traité avec beaucoup de rigueur. Pendant ce temps, il lui arriva une lettre d'Italie par laquelle on le chargeait de plusieurs commissions pour notre digne Mère; cette lettre éveilla l'attention du gouvernement, qui n'ignorait pas d'ailleurs, ou qui, du moins, soupçonnait, qu'elle avait fait copier et distribuer plusieurs exemplaires de la bulle d'excommunication *Quum memoranda*, malgré la défense de l'empereur. On vint donc demander la dame *Camilla* dont il était question, et, le 9 janvier, elle fut arrêtée, emmenée à la préfecture de police et de là en prison.

Notre chère Mère nous avoua qu'elle avait eu, peu avant cet événement, un pressentiment fort extraordinaire d'affliction et de croix pesantes que le Seigneur lui destinait; mais son humilité mit obstacle à ce que nous connussions jamais clairement ce que nous désirions savoir à ce sujet.

On permit d'abord à toutes ses Religieuses et aux personnes de sa famille de la venir voir; mais il y eut défense de laisser entrer aucun prêtre. Toute son illustre et nombreuse famille tenant à honneur de la visiter dans ce nouveau séjour, un grand cercle s'établissait, tous les soirs, dans la chambre où elle était détenue.

Quand on eut trouvé qu'on connaissait suffisamment toutes les personnes qui étaient en rapport avec elle, on la mit au secret, prenant soin de l'interroger à diverses reprises sur les affaires de la Religion et sur la bulle du Pape. Dieu daigna toujours l'assister dans ses réponses.

Si, de toutes les dispositions de l'esprit et du cœur, celle qui fut toujours la plus agréable à Dieu est celle où était le saint roi Prophète, quand il lui disait : *Mon cœur est prêt,*

Seigneur, mon cœur est prêt, on pourrait presque assurer, ma Révérende Mère, que notre vénérée Mère Camille sut aussi, en cette pénible circonstance, se maintenir dans cette heureuse conformité de sa volonté avec celle de Dieu; il suffit, pour en être convaincu, de lire les passages suivants écrits de sa main pendant les longues heures de sa captivité :

> Pourquoi succombes-tu, mon âme, à tes alarmes?
> Ah! que tu connais peu la force de tes armes!
> Espère en ton Sauveur, ne compte que sur lui;
> Tu vaincras à coup sûr avec ce ferme appui.

« Grand Dieu, dit-elle ailleurs, vous avez éprouvé mon
« cœur en me visitant dans ces temps sombres de la persé-
« cution. Vous savez, mon Dieu, que ce n'est pas ici la pre-
« mière épreuve que je souffre. Vous exigez de mon cœur
« ces tribulations comme des preuves douloureuses de sa
« fidélité : il s'est soumis avec confiance aux calamités et
« traverses dont vous m'avez affligée. J'ai adoré et baisé la
« main qui me frappait.

« Il a pu m'échapper quelques plaintes, que l'affliction
« arrache, malgré nous, à la nature; mais, dans le temps
« même qu'elles sortaient de ma bouche, mon cœur les
« désavouait, se soumettait avec joie à votre conduite ado-
« rable sur ma personne, vous en rendait même grâces,
« regardait ces rigueurs apparentes comme des bienfaits
« véritables. Oui, Seigneur, vous avez pu trouver mon cœur
« faible et abattu dans l'adversité; mais vous ne l'avez ja-
« mais trouvé révolté et infidèle. Afin de m'interdire les
« plaintes sur ce que les hommes me faisaient souffrir, j'ai
« pensé à vos volontés et à vos promesses, et j'ai suivi avec
« soumission la voie des souffrances. Les plaintes mêmes
« que j'accordais à ma douleur, je les adressais à vous seul,

« Ô mon Dieu ! Ma langue n'a jamais cherché un adoucis-
« sement à ma peine, en décriant la conduite des hommes
« qui en étaient les auteurs ; je respectais en eux, grand
« Dieu, les instruments dont vous vous serviez pour accom-
« plir sur moi vos desseins de miséricorde. »

Quoique notre chère Mère eût mis en Dieu toute sa confiance, établi en lui tout son espoir et jeté dans son sein
toutes ses inquiétudes, la position où elle se trouva ne laissa
pas d'influer sur son tempérament ; elle tomba malade peu
de temps après, et demanda à être transférée dans une maison de santé. On la conduisit donc au Couvent de Saint-Michel, avec ordre de la tenir au secret, sauf la liberté de voir
les Religieuses de sa Communauté. Ses chères filles avaient
grand besoin de cette consolation ; car il n'est guère possible
d'exprimer quelles étaient leur affliction et leurs angoisses, se
voyant ainsi séparées de leur respectable et bien-aimée Mère
et fondatrice, dont elles partageaient vivement les souffrances. Le soir du jour où on l'avait emmenée à la préfecture,
le geôlier, étant venu chercher au Couvent différentes choses
dont elle avait besoin, dit à notre chère Mère en rentrant :
« Vous êtes donc vraiment la mère de toutes les Religieuses,
car elles pleurent toutes. » Notre digne Mère resta, tout le
Carême, chez les Dames de Saint-Michel, et fut ensuite condamnée à être exilée ; nouveau surcroît de douleur et d'affliction pour elle et ses chères filles. On lui proposa la ville
de Dijon ou celle de Guise, en Picardie. Comme elle donna
la préférence à la première, on lui délivra son passe-port.
Mais un Évêque ayant prévenu sa famille, qui habitait ce
pays, de la prochaine arrivée de la pieuse exilée, plusieurs
notabilités de la ville se disposèrent à lui faire une brillante
réception. Le gouvernement l'ayant su, on lui retira son
premier passe-port pour lui en donner un autre qui lui en-
joignait de se rendre à Guise. On ignorait, sans doute, que
la famille de Soyecourt, ayant possédé plusieurs terres sei-

gneuriales en cette province avant la révolution, y avait fait une multitude de bonnes œuvres qui y avaient laissé sa mémoire en bénédiction. Notre chère Mère, toujours courageuse, prépara elle-même sa cassette, ayant soin d'y mettre notre sainte Face miraculeuse et plusieurs autres reliques ; elle prit notre chère Sœur Marie-Louise, qui est encore au milieu de nous, pour être le Simon de Cyrène qui devait l'accompagner. S'étant confessée, à quatre heures du matin, au Révérend Père de Clorivière, comme pour la dernière fois : « Hélas ! mon Père, lui dit-elle avec émotion, je pars pour l'exil, sans savoir quand il finira ! » — « Ma fille, lui ré-
« pondit celui-ci avec une gravité pleine de douceur, quand
« l'Ange du Seigneur avertit saint Joseph de fuir en Égypte,
« il ne demanda pas combien de temps il y resterait. » Notre chère Mère, fortifiée par ces paroles, ne pensa plus qu'à s'abandonner à Dieu pour se rendre où il l'appelait. Après avoir communié, elle partit, jetant néanmoins encore quelques soupirs de regret lorsqu'elle eut dépassé les hauteurs qui lui dérobaient la Cité où son cœur était resté.

Une petite épreuve qui survint dans la route servit à augmenter la fatigue qu'éprouvait notre chère Mère dans ce voyage ; la voiture s'enfonça dans la boue, ainsi que les chevaux. Le cocher, ne sachant comment se tirer lui-même d'affaire, laissa les pauvres voyageuses dans leur embarrassante position. Heureusement, et par un coup de Providence, un garde se rencontra, qui prit tour à tour notre Révérende Mère et sa compagne sur ses épaules, et les déposa sur la route. Elles firent quelque espace de chemin à pied, jusqu'à ce que la voiture, qu'on parvint à dégager à l'aide de plusieurs bœufs et chevaux, reparut à leurs yeux. Épuisées de fatigue, elles entrèrent dans une auberge pour y passer la nuit. Comme la robe de bure et le petit bonnet n'annonçaient pas une grande opulence, la maîtresse de l'hôtellerie les mit tout simplement dans un des galetas destinés aux

voituriers où deux mauvais lits étaient dressés. Ma Sœur
Louise, désolée de voir notre respectable mère en ce lieu,
demanda à l'hôtesse s'il n'y avait pas une chambre un peu
moins proche de ce bruyant voisinage. Cette femme, la
toisant de la tête aux pieds, lui répondit brusquement qu'il
n'y en avait pas d'autre; mais le cocher, arrivant sur ces
entrefaites, dit à l'aubergiste : « Vous ne savez sans doute
« pas que vous avez ici la sœur de la dame de Tilloloy. » A
ces mots, cette femme courut se revêtir de ses plus beaux
vêtements, puis se confondant en excuses près de notre
chère Mère, elle mit tout son monde à sa disposition, la fit
passer dans une des plus belles chambres de sa maison, et la
servit elle-même avec les plus grandes attentions.

L'homme d'affaires de notre Révérende Mère, qui devait
la devancer sur la terre de l'exil, afin de lui tenir prêt un
appartement, la fit descendre, en attendant, au château de
Tilloloy qui était sur la route, et dont Mme de la Tour, sœur
de notre Révérende Mère Camille, était propriétaire. Elles
rencontrèrent, dans une des cours du château, une vieille
femme qui y servait, depuis son enfance, en qualité de domestique. Après que les deux voyageuses se furent fait connaître à elle, elles lui demandèrent une chambre; mais
cette femme, ne pouvant croire que notre chère Mère fût la
jolie demoiselle qu'elle avait vue autrefois, et se croyant
trompée, lui dit en la regardant avec dédain : « Ah ! pour
« ça non, vous n'êtes pas la sœur de *not' dame; elle était*
« *ben plus gentille que vous.* Allez, allez ! » Enfin il fallut
que le mandataire de Mme de la Tour vînt rassurer cette
brave femme et fît préparer ce qui était convenable à nos
deux voyageuses.

En approchant de Guise, notre chère Mère aperçut, à une
certaine distance, la tour de la citadelle où elle pensa qu'on
allait la renfermer; elle chercha néanmoins à comprimer

avec énergie la stupeur et la tristesse dont son âme était saisie, et envoya tous ses papiers à la mairie aussitôt son arrivée. La lenteur que mirent les autorités à cette vérification lui persuada qu'on faisait les préparatifs de son transport dans l'horrible tour dont nous venons de parler, et elle dit au Seigneur, du fond de son âme, avec le roi Prophète : « Secourez-moi dans mon affliction, ô mon Dieu! car en « vain compterais-je sur les hommes. » Mais quel ne fut pas son étonnement quand, au bout de quelques heures d'une si cruelle attente, le maire, les adjoints et les personnes les plus qualifiées de la ville vinrent la trouver pour la complimenter et lui faire les offres de service les plus gracieuses et les plus obligeantes! « Comment, dit le maire en entrant, « nous avons le bonheur de posséder Mme de Soyecourt au « milieu de nous! Ah! madame, les portes de nos cœurs « bien plus que celles de notre ville vous sont ouvertes. »

Lorsque les habitants eurent connu la cause de sa disgrâce, qui n'était autre que son dévouement pour les princes de l'Eglise, elle fut considérée dans la ville non-seulement avec la piété et le respect dus à la dignité et au malheur, mais avec la vénération qu'inspiraient ses vertus personnelles et celles de ses ancêtres, qui par leurs bienfaits avaient immortalisé leur souvenir dans toute la province. Cette manifestation porta quelque consolation au cœur affligé de notre chère Mère. Son homme d'affaires avait eu soin de faire préparer un appartement proche de l'Eglise, sachant bien qu'elle irait souvent répandre son âme et chercher des forces devant l'Autel du Seigneur.

Tous les grands de la ville désirèrent être reçus par elle, mais elle se prononça tout d'abord, priant qu'on la laissât vivre retirée comme sa profession l'exigeait. On respecta ses intentions. Tous les notables se contentèrent de lui offrir les clefs de leurs jardins, l'assurant qu'il n'y aurait d'autres personnes auprès d'elle que celles à qui elle voudrait bien accorder l'honneur de l'accompagner.

Cette malheureuse tour de la citadelle revenait toujours à l'esprit de notre chère Mère, d'autant plus qu'elle l'apercevait continuellement du lieu de sa demeure. Craignant qu'on ne vînt un beau matin la chercher pour l'y enfermer par ordre du gouvernement, elle voulut voir de près ce qu'était cette tour dont l'aspect sombre et lugubre jetait tant d'effroi dans son âme. Elle partit donc seule un jour, sans en rien dire à personne, et interrogea, à ce sujet, un jeune garçon qui se trouvait sur les lieux. Il lui dit qu'on mettait les prisonniers d'Etat dans cet endroit qui renfermait une quantité de serpents; et que plusieurs personnes y avaient été déjà dévorées. Ce fut alors que les plus tristes et les plus funestes prévisions pour l'avenir se présentèrent à son imagination. Comme cette tour était à 1/4 de lieue de la ville et qu'il commençait à faire nuit, elle s'égara en revenant et fut obligée d'avoir recours à l'assistance d'autrui pour regagner son logis. Ma Sœur Louise, qui ne savait ce qu'elle était devenue, était dans une mortelle inquiétude; mais, lorsqu'à son retour elle sut le motif de son absence, elle tâcha de soutenir l'esprit de sa bonne Mère, et d'être ce serviteur fidèle qui, selon la parole de l'Esprit-Saint, au livre des Proverbes, semblable au froid de la neige, pendant le temps de la moisson, tient en repos l'esprit de son maître.

Notre chère Mère, sachant que les filles de la Charité désiraient vivement qu'elle vînt habiter dans leur hospice, en fit la demande aux autorités, qui s'empressèrent d'y acquiescer. On lui assigna une des chambres destinées à recevoir les Administrateurs quand ils s'assemblaient, et ce fut alors qu'elle commença à goûter quelque repos. Ces bonnes Sœurs furent toujours remplies d'attentions à son égard;

aussi son cœur reconnaissant put-il leur adresser, en les quittant, ces paroles de saint Paul à Philémon : « Votre cha- « rité a été pour moi une source de joie vive et de douces « consolations. »

Il s'établit surtout une sorte d'intimité entre elle et la respectable Sœur Vincent, qui, par la charge de Supérieure qu'elle occupait et par son droit d'aînesse, devint tout à fait sa directrice. Comme cette bonne Sœur connaissait la libéralité de notre Révérende Mère Camille, elle lui enjoignit de restreindre ses aumônes, et lui en fixait même la quantité en certaines occasions. Un jour que cette digne Mère avait donné, comme à la dérobée, à une pauvre femme quelques pièces de monnaie de plus que ma Sœur Vincent ne jugeait à propos : Tiens, ma fille, dit-elle, voilà encore que tu as fait des tiennes !

Lorsque cette vénérable Sœur fut obligée, à cause de son grand âge, d'aller prendre place parmi les invalides de la Maison mère, rue du Bac, à Paris, notre chère Mère demanda et obtint du Supérieur que, en reconnaissance de tous les services que ma Sœur Vincent lui avait rendus, elle entrât une fois ou deux, chaque année, dans notre clôture. Un jour, notre Révérende Mère, âgée d'environ quatre-vingt-six ans, tandis que son Mentor en avait quatre-vingt-douze, cherchait à lire devant elle, avec assez de peine à cause de la faiblesse de sa vue, une lettre dont elle voulait donner connaissance à la Communauté qui était présente ; cette bonne sœur, lui retirant le papier des mains, lui dit : « Laisse donc cela, ma fille ; tu vois bien que tu ne sais pas lire. »

Comme il y avait dans l'hôpital une chapelle et un très-beau jardin pour se promener, elle se fit une espèce de clôture en cette maison, y gardant sa règle autant qu'il lui était possible, et éprouvant d'ailleurs une grande consolation

de se trouver en la compagnie des excellentes Sœurs qui ser-
vaient les malades dans cet asile de la souffrance.

Elle entretenait une correspondance assidue avec la Mère
Philippine, Sous-Prieure de la Communauté, qui, en son
absence, était investie de tous les pouvoirs pour gouverner
la Maison ; elle la chargeait de temps en temps de remettre
quelques petits billets, de sa part, à chacune de ses chères
filles : en voici deux restés entre nos mains.

2 janvier 1812.

« Je m'attache avec vos épingles, ma chère fille ; je vous
« en remercie ; conservez l'espérance que vous avez de me
« revoir. Cela ne paraît pas être prochain ; c'est pourquoi je
« suis fort contente d'être venue me loger à l'Hôtel-Dieu ;
« car la vue de la tour de la citadelle me portait à la tris-
« tesse. Ma chambre est bien petite et bien basse en com-
« paraison de celle que j'ai quittée ; mais quelle différence !
« Autant je me déplaisais dans ce grand salon, autant je
« me plairais ici, si la peine inséparable de ma position ne
« me suivait partout.

« Adieu, ma chère fille ; bonne année je vous souhaite,
« accompagnée de plusieurs autres. Je ne doute pas que le
« petit sacrifice que vous avez fait à Dieu ne vous attire des
« grâces. Quant à la bonne intention que vous avez de me
« faire plaisir, je vous en remercie. Je compte sur vous
« comme sur la plus fidèle de mes amies. »

15 novembre 1812.

« Je suis bien aise, ma chère fille, que vous vous portiez
« toujours bien ; je fais des vœux pour que l'hiver n'altère
« pas votre santé ; la mienne n'est pas brillante. Je voudrais

« être en état de sortir de l'hôpital et aller rejoindre mes
« enfants, car, quoique je ne manque de rien dans cette
« maison , parce que les bonnes Sœurs ont bien soin de
« moi, néanmoins on est plus agréablement dans sa fa-
« mille. S'il plaît à Dieu, je la reverrai un jour; sinon,
« nous porterons notre croix avec résignation, et notre es-
« pérance sera de nous voir dans le Ciel.

« Adieu, ma chère fille; aimez et priez pour celle qui est
« votre affectionnée Mère. »

Durant son exil, elle multiplia ses bonnes œuvres; elle
rétablit la chapelle de l'hôpital, donna de grosses sommes à
M. le Curé pour ses pauvres, ne voulant pas les distribuer
elle-même, fournit aux dépenses nécessaires pour faire légi-
timer sept mariages par l'Église, assistait beaucoup d'officiers polonais détenus en cette ville, et surtout leur aumônier, qui l'appelait *la meilleure des Mères*. Cependant, au
milieu de tant d'actes de charité, elle se croyait les mains
vides devant Dieu; car, disait-elle quand on lui en parlait,
j'ai tant de plaisir à donner, que je crains d'en perdre le
mérite.

Durant le temps de son bannissement, quelques affaires
pressantes exigeant sa présence à Paris, elle résolut de partir
incognito, accompagnée de la bonne Sœur Vincent; elle sé-
journa, pendant cette apparition, dans sa Communauté, où
tout le monde, excepté la Mère Philippine, ignorait qui elle
était. L'une de nos chères Sœurs, qui avait du soupçon sur
cette inconnue que la bonne Sœur Vincent faisait passer
pour une malade qui l'accompagnait, accablait de questions,
à ce sujet, la bonne Sœur de charité, et celle-ci, de peur de
trahir son secret ou de dire involontairement quelque chose
contre la vérité, prétextait alors des affaires pressantes et se
retirait promptement. Cependant la Sœur questionneuse
n'en resta pas là. Sachant que la prétendue malade devait

entendre la Messe dans une tribune donnant sur le Maître-Autel de l'Église, elle fit en sorte de l'apercevoir et reconnut notre chère Mère à la manière dont elle se couvrait le visage avec son mouchoir. Cette bonne Sœur n'eût peut-être osé rien dire de sa découverte; mais une des Sœurs converses de la Communauté de la rue de Grenelle cria hautement dans la maison qu'assurément l'invisible étrangère n'était autre que la Révérende Mère Camille, qu'elle en était sûre à la manière dont elle avait recouvert son plat et laissé les restes de son dîner. Alors, la chose étant divulguée, on fit un crime à la pauvre Mère Sous-Prieure de son silence à cet égard, que, du reste, les circonstances et la recommandation qui lui avait été faite justifiaient assez. Quelques Sœurs anciennes voulurent absolument recevoir la bénédiction de leur bien-aimée Mère, qui ne put leur refuser cette douce consolation. Cette digne Mère vit deux fois, pendant cette visite clandestine, le Révérend Père de Clorivière, auquel elle s'était confessée avant son départ. Mais bientôt notre pieuse fugitive se vit forcée de repartir précipitamment pour Guise, affublée d'un jupon d'indienne à carreaux bleus, jeté sur ses épaules en guise de casaquin, et contrefaisant la boiteuse; car le gouvernement fit faire, à ce moment, des perquisitions dans la partie extérieure du monastère, quoiqu'il ignorât la présence de notre digne Mère dans son enceinte. Elle traversa la cour, à pied, dans son nouveau costume et sa mauvaise dégaîne, et passa devant le portier et sa famille sans être reconnue. La bonne Sœur Vincent l'attendait, avec un fiacre, dans une rue voisine. Ses chères filles l'ayant priée de leur donner promptement de ses nouvelles, elle leur écrivit quelques lignes aussitôt après son arrivée et leur dit fort gracieusement en commençant: *La bonne femme au cotillon bleu est arrivée à bon port.*

Quoique le pays où se trouvait notre Révérende Mère fût bon, c'était néanmoins la terre de l'exil; de l'autre côté se trouvait la patrie, et le cœur de l'exilée y était resté. Le sujet continuel de ses méditations, de ses gémissements et de son effroi était la crainte que son Monastère, pour lequel elle avait fait tant de sacrifices, ne fût encore ruiné ; que ses chères filles, dont la plupart eussent été sans ressources et dont elle était la Providence visible, ne fussent de nouveau dispersées : voilà ce qui faisait son poids et sa douleur et l'occupation de ses journées et de ses veilles.

Ces sollicitudes altérèrent visiblement sa santé ; le maire de Guise crut devoir en prévenir M. le baron Malout, préfet du département de l'Aisne, et lui écrivit en ces termes :

Guise, 17 novembre 1812.

MONSIEUR,

« Il y a environ dix-huit mois que mon prédécesseur vous
« a rendu compte et informé que madame de Soyecourt s'é-
« tait rendue à Guise par ordre du gouvernement. Les cau-
« ses de son exil sont pour moi un mystère que je saurai
« toujours respecter ; mais je crois de mon devoir et je
« regarde comme une obligation indispensable de ma part
« de vous mettre sous les yeux sa conduite et sa situation au
« moral et au physique.

« Madame de Soyecourt, depuis qu'elle est à Guise, s'y est
« comportée d'une manière édifiante ; elle a vécu dans la re-
« traite, sans cesse occupée des exercices de la religion et des
« actes de bienfaisance, sans se permettre aucune commu-
« nication ni relation avec qui que ce soit : voilà pour le
« moral.

« Quant au physique, madame de Soyecourt est d'une
« faible complexion ; depuis son séjour dans cette ville, elle
« est souffrante et paraît atteinte d'une maladie de langueur

« qui la mine insensiblement et la conduirait au tombeau,
« si on ne vient promptement à son secours. Deux choses
« peuvent contribuer à son rétablissement, l'air natal et le
« rapprochement des médecins qui connaissent son tempé-
» rament et ont mérité sa confiance.

« C'est à vous, monsieur le préfet, qu'il appartient de
« sauver madame de Soyecourt ; c'est à votre humanité bien-
« faisante qu'il est réservé de faire connaître sa situation
« critique et d'obtenir, pour elle, du gouvernement un
« congé provisoire de trois ou quatre mois, pour retourner
« soit à Paris, soit dans les environs, afin de respirer l'air
« natal et d'être plus à portée des médecins au secours et
« aux lumières desquels elle a dû jusqu'ici sa conservation.
« Vous pouvez, monsieur le préfet, compter sur la fidé-
« lité de mon rapport, et vous aurez le plaisir de faire une
« bonne œuvre. »

M. le préfet répondit à cette lettre en ces termes :

Laon, 24 novembre 1812.

« MONSIEUR LE MAIRE,

« D'après le rapport que vous me faites de l'état de mala-
« die de madame de Soyecourt, je viens de solliciter pour
« elle, près de Son Excellence le ministre de la police, la
« permission de se rendre à Paris pour consulter les gens de
« l'art. Je m'empresserai de vous faire connaître la réponse
« qui me sera faite. »

Quatre jours après, il lui écrivit :

« J'ai l'honneur de vous informer, monsieur, que, par
« décision du 27 de ce mois, Son Excellence le ministre de
« la police a autorisé madame de Soyecourt, en surveillance
« à Guise, de se rendre à Paris à l'effet de soigner sa santé ;

« je vous prie, en conséquence, de l'en avertir, de lui déli-
« vrer un passe-port, et de la prévenir qu'elle devra, à son
« arrivée, se présenter dans le bureau de la préfecture de
« police. Vous m'instruirez de son départ. »

Durant ces négociations, notre chère Mère, qui n'avait
pas cru devoir profiter sur-le-champ de son congé provisoire,
alla, avec sa compagne, faire un pèlerinage à Notre-Dame-
de-Liesse. L'auguste Consolatrice des affligés lui obtint,
dans sa sainte chapelle, une grande abondance de grâces,
et, peu de temps après, son retour à Paris avec une entière
liberté. Voici comment la chose arriva ; mais laissons-la
parler elle-même :

« En décembre 1812, j'étais, dit-elle, en exil dans la pe-
« tite ville de Guise, en Picardie, lorsque mon homme d'af-
« faires m'écrivit qu'il avait appris que, si je voulais donner
« 12,000 francs, j'aurais de suite ma liberté. Je ne crus
« pas devoir employer une si forte somme pour obtenir une
« liberté que je n'aurais pas dû perdre, et que je ne vou-
« lais attendre que de la justice et de la protection de la
« sainte Vierge. La pensée me vint alors de faire vœu, à
« Notre-Dame-de-Liesse, d'employer cette même somme de
« 12,000 francs en bonnes œuvres, si avant le 1er janvier
« 1813 j'étais libre sans donner l'argent que le gouverne-
« ment me demandait. Pour cela, je commençai une neu-
« vaine, et ma chère Sœur Louise, qui avait voulu partager
« mon triste sort, me demanda de faire le pèlerinage. Je
« mis par écrit, datai et signai, pour ne pas me tromper dans
« l'accomplissement de mon vœu, l'emploi que je ferais de
« ladite somme. Dans ce même temps, le maire de Guise,
« M. le chevalier Balland, à qui on donnait le titre de géné-
« ral, allant partir pour Paris, m'offrit ses services et me
« promit d'employer tout son crédit pour obtenir ma li-
« berté ; cedit général revint dans l'octave de Noël et ren-

« contra ma chère Sœur Louise qui revenait de son pèleri-
« nage, tenant à la main le papier où était écrit mon vœu.
« Il lui dit : Je porte à madame de Soyecourt sa liberté; je
« suis bien content, car elle peut partir demain, si elle veut.
« Ma chère Sœur Louise vint me trouver avec les papiers;
« je compare les deux dates, et je vois que le même jour
« qu'on signait à Paris ma liberté était celui où j'avais fait
« mon vœu. »

Notre chère Mère nous dicta cette petite notice lorsqu'elle
apprit qu'un nouveau livre du mois de Marie rapportait dans
ses exemples, d'une manière tout à fait inexacte, sa délivrance de l'exil (il y est fait mention d'un beau-frère qui, depuis vingt-cinq ans, n'existait plus).

Le maire de Guise envoya à notre digne Mère, selon son
désir, copie de la lettre qu'il avait écrite à M. le préfet pour
l'informer du jour de son départ, et l'accompagna de ces
quelques lignes :

« Madame,

« Je vous envoie, puisque vous le désirez, copie de la let-
« tre par laquelle j'informe M. le préfet du jour de votre
« départ pour la capitale : vous n'y trouverez rien de bien
« recherché; ce n'est qu'un écrit simple et naturel des sen-
« timents que j'éprouve et que je partage avec mes conci-
« toyens.

« Je saisis cette occasion pour vous adresser mes sincères
« remercîments du magnifique cadeau dont vous avez bien
« voulu me gratifier; je l'estime et le conserverai comme
« un gage de votre générosité bienfaisante, sans croire que
« je l'aie mérité. Je n'ai rien fait pour vous que ce que me
« prescrivaient la justice et mes devoirs.

« Mon épouse se joint à moi pour vous témoigner toute

« notre reconnaissance, et vous présenter nos vœux sincères
« pour le succès du voyage pénible que vous entreprenez ,
« en vous engageant à ne pas vous excéder par trop de pré-
« cipitation. »

Guise, 5 janvier 1813.

« Monsieur le préfet,

« On réussit toujours dans une ville où le maire veut sin-
« cèrement le bien quand, à la tête du département, se ren-
« contre un magistrat qui sait le faire.

« C'est à cette double et heureuse conjoncture que madame
« de Soyecourt doit sa liberté. Son passe-port lui a été dé-
« livré le 30 décembre dernier, et elle est partie aujour-
« d'hui, emportant les regrets de tous les habitants et com-
« blée des bénédictions des pauvres, qui ne doivent jamais
« oublier ses bienfaits et ses immenses charités. »

Notre chère Mère quitta Guise au milieu des témoignages
les plus vifs d'affection et de regret de la part des bons habitants, et surtout des respectables Sœurs de la Charité. Elle
fit rétablir, avant de partir, une porte en bronze dont sa famille avait autrefois orné le sanctuaire de Liesse ; cette porte
avait été enlevée pendant la révolution et remplacée par une
porte en bois. Pénétrée de reconnaissance envers celle qu'elle
regardait, après Dieu, comme sa libératrice , elle fit faire un
beau tableau qui est actuellement dans notre salle de Communauté, représentant l'origine historique de la chapelle de
Notre-Dame-de-Liesse, et elle-même avec sa compagne au
pied de l'autel de ce sanctuaire vénéré.

Notre digne Mère alla, à son retour, visiter leurs Eminences les Cardinaux Ruffo , Archevêque de Naples, et Litta ,
exilés à Saint-Quentin ; elle partagea encore avec eux le pain
de l'étranger, si amer au cœur de ces illustres princes de l'E-

glise. Le premier des deux était allé une fois à Guise célébrer avec elle la fête de sainte Thérèse.

Lorsque la nouvelle de son prochain retour parvint aux oreilles de ses chères filles, elles n'en pouvaient rien croire, à cause des menaces qu'on leur avait faites tout récemment encore. Elles venaient même de lui envoyer un emblème, fruit de l'inspiration de leur cœur, qui fut une consolation pour le sien. Il représente un petit troupeau de quinze brebis dans une plaine, sur le bord d'une large rivière qu'elles ne peuvent franchir : elles regardent d'un air triste vers la rive opposée, où l'on voit, assise au haut d'un rocher, leur bergère, triste, elle aussi, et qui semble leur dire de ne pas craindre; que, de loin et quoique séparée d'elles, elle ne perd pas de vue son cher petit troupeau.

On lisait au bas de l'emblème :

> Ces brebis, par leurs bêlements,
> Rappellent leur douce bergère
> Et voudraient d'un sort trop sévère
> Abréger les tristes moments.

On parlait hautement de la destruction de la Maison. Aussi quelle ne fut pas la joie de toutes nos bonnes et affligées Sœurs en revoyant leur digne Mère et sa chère compagne ! Elles sentirent plus que jamais ce qu'elles lui devaient, et du plus intime de leur cœur lui dirent ces paroles adressées à Judith : « Le Seigneur vous a bénie, il vous a soutenue de sa force; il a renversé par vous tous les obsta-« cles qui s'élevaient contre nous. Vous êtes l'honneur de « notre Maison, qui est votre peuple, et l'on bénira à « jamais le Seigneur de ce qu'il a fait par vous en notre fa-« veur. »

Notre chère Mère pouvait aussi leur répondre avec vérité :
« Ouvrez les portes, parce que Dieu est avec nous, et qu'il a
« signalé sa force et sa puissance dans Israël. Louez le Sei-
« gneur, qui n'a point abandonné ceux qui espéraient en
« lui. » La Communauté reprit une nouvelle vie en retrou-
vant celle qui en faisait toute la douceur.

Disons ici, cependant, ma Révérende Mère, que, si les
rapports de notre respectable Mère avec les Princes de l'É-
glise lui attirèrent de grandes et cruelles épreuves, ils lui
procurèrent aussi des consolations bien précieuses aux yeux
de la foi. Tout ne fut pas amertume pour cette âme émi-
nemment catholique, dont toutes les œuvres étaient une
expression nouvelle de son sincère amour pour la Religion
et la sainte Église. Qui mieux qu'elle pouvait s'écrier avec
un de nos Pères dans la Foi : « O Église romaine, si je t'ou-
« blie jamais, puissé-je m'oublier moi-même ! Que ma lan-
« gue demeure immobile dans ma bouche et s'attache à mon
« palais, si tu n'es pas toujours la première dans mes can-
« tiques de réjouissance ! »

Déjà, lorsque, en 1804, notre Saint-Père le Pape Pie VII
était venu à Paris pour faire couler sur le front de Bonaparte l'huile sainte qui consacre les souverains, notre chère
Mère avait eu non-seulement la consolation de recevoir sa
bénédiction, mais elle avait assisté à sa Messe, dans sa chapelle particulière, au pavillon Marsan.

Lorsque, huit années plus tard, il revint en France, elle
alla voir l'illustre captif à Fontainebleau et entendit encore
sa Messe. Pie VII, s'étant aperçu qu'elle ne s'était pas approchée de la sainte Eucharistie, l'engagea à revenir le lendemain, afin de la communier. Le Saint-Père, non content de
lui avoir donné cette marque de son estime particulière, lui
fit ensuite servir un déjeuner, pendant lequel il la vint trouver et lui dit en lui présentant l'un des mets qui étaient sur

la table : *Je veux que vous puissiez dire que vous avez été servie de la main d'un Pape.* Il lui confirma toutes les permissions que Pie VI, son prédécesseur de sainte mémoire, lui avait données, et en ajouta de nouvelles. Ce fut encore pendant le séjour de Pie VII à Fontainebleau qu'il chargea son grand Aumônier de remettre à notre Révérende Mère deux reliquaires en filigranes d'argent, un beau chapelet, et y joignit encore un second bref, afin qu'elle pût disposer librement de ses biens. Rien de plus touchant pour la Communauté que les adieux du sacré Collége, quand il repartit pour Rome. Le Saint-Père avait chargé leurs Éminences d'exprimer à chacune de nos Mères, avec toutes les marques de la plus flatteuse bienveillance, sa reconnaissance pour les minimes services qu'elles avaient eu l'honneur de leur rendre. Ils invitèrent notre chère Mère, qu'ils appelaient la Mère des *tribulés*, d'aller s'établir à Rome avec ses chères filles. Enfin tous ces Princes de l'Église ne cessaient de répéter que leur unique consolation, à Paris, avait été de venir de temps en temps, au milieu de la Communauté, relever leur âme abattue par la souffrance. De retour à Rome, la plupart d'entre eux envoyèrent leurs portraits, qui figurent encore dans l'endroit où sont réunies toutes nos reliques, avec les calottes blanches des souverains Pontifes Pie VI, Pie VII et Grégoire XVI : au milieu d'elles, il s'en trouve une noire ; c'est celle de l'illustre Monseigneur de Quélen.

Le Cardinal Sala, qui n'était alors que Prélat, continua d'avoir de fréquentes relations avec notre Révérende Mère Camille, qu'il nommait sa chère Dirigée. Les Nonces du Pape ne cessèrent, de loin comme de près, de lui donner des marques du plus vif intérêt, et voulurent bien, dans quelques circonstances embarrassantes, assister la Communauté de leurs conseils. Notre digne Mère reçut un crucifix indulgentié, pour l'heure de la mort, de la part de notre Saint-Père Grégoire XVI, qui l'avait remis, avec un beau chapelet, à son neveu, M. le comte Herman d'Hinnisdal, lors de son voyage à Rome, afin qu'il l'offrît à notre Révérende Mère Camille comme un témoignage de la reconnaissance du Saint-Père pour tout le bien qu'elle avait fait à l'Église. Elle baisait souvent avec amour ce précieux don de Sa Sainteté et l'appelait agréablement son passe-port. Elle avait fait offrir tout récemment encore à notre souverain Pontife Pie IX trois emblèmes que sa tendresse maternelle lui faisait trouver d'autant plus beaux qu'ils étaient l'ouvrage de ses filles ; tous trois étaient des symboles de son inviolable attachement à la Chaire de Pierre, ainsi que de celui de la Communauté tout entière. Le Saint-Père daigna lui écrire une lettre dans laquelle il lui exprimait combien il avait été touché de cet hommage de son cœur. Nous pensons vous faire plaisir, ma Révérende Mère, en vous envoyant la traduction fidèle de cette précieuse lettre.

PIE IX, PAPE.

« Religieuse bien-aimée, Notre fille en J. C., salut et bé-
« nédiction apostolique. Nous avons reçu le présent que
« vous avez bien voulu nous offrir en votre nom et au nom
« de vos pieuses compagnes ; nous avons vu en même temps,
« avec une bien douce satisfaction, l'expression de vos sen-
« timents de filiale obéissance et de dévouement à Notre
« personne. Nous vous écrivons donc cette lettre, bien-ai-
« mée Religieuse, Notre fille en J. C., et pour vous exprimer
« Nos remercîments de votre présent, et pour vous donner
« en même temps un témoignage et une marque particu-
« lière de Notre affection toute paternelle pour vous et pour
« vos compagnes. Et comme, à raison de votre glorieux ti-
« tre de Filles du Carmel, vous avez le bonheur d'honorer
« d'un culte spécial la bienheureuse Marie, Mère de Dieu,
« vous implorerez avec une ferveur plus ardente aujourd'hui

« que jamais la protection de cette très-pieuse Vierge, afin
« qu'elle obtienne de son divin Fils la fin des calamités pré-
« sentes et le commencement de temps plus favorables.
« Que le Seigneur, riche en miséricordes, daigne jeter des
« regards de bonté sur vous et sur toutes vos compagnes,
« qu'il vous donne à toutes cette volonté toujours recon-
« naissante des bienfaits qu'il vous accorde, et qu'il vous
« inspire le zèle d'une perfection toujours croissante. Il ne
« Nous reste plus qu'à confirmer l'affection toute paternelle
« que Nous vous portons par la bénédiction apostolique que
« Nous vous donnons, du fond du cœur et avec amour, à
« vous, Religieuse bien-aimée, Notre fille en J. C., ainsi qu'à
« toutes vos compagnes. »

*Donné à Rome, à Sainte-Marie Majeure, le 3 du mois
d'août de l'année 1848, la troisième de Notre Ponti-
ficat.*

A son retour de l'exil, notre chère Mère commença par
reprendre, ainsi que toutes ses filles, le saint habit de l'Ordre, que les temps orageux qu'elles venaient de traverser ne
leur avaient pas permis de porter depuis 1792. Leurs vêtements étaient néanmoins si uniformes et si religieux durant ces jours de tribulation, que les Cardinaux les croyaient
en Costume régulier. La clôture fut en même temps définitivement rétablie.

Notre Révérende Mère Camille avait été voir, durant son
exil, lors de son pèlerinage à Liesse, une Carmélite de l'ancienne Communauté de la rue Chapon, à Paris; elle se nommait Sœur Thaïs et demeurait dans une ferme près de Guise.
Notre chère Mère l'engagea à venir augmenter le nombre
des âmes d'élite, qui, avec un courage héroïque, n'avaient
pas hésité à rompre de nouveau les liens qui semblaient devoir les retenir une seconde fois dans le siècle, sacrifice d'au-

tant plus généreux pour la plupart d'entre elles qu'elles avaient eu à surmonter les infirmités d'un corps épuisé par les souffrances et, par conséquent, peu propre à s'assujettir aux saintes observances de la religion. Mais l'amour est fort comme la mort. Ma Sœur Thaïs, nouvelle conquête du Seigneur, immola tout, et, à l'âge de soixante-quatre ans, suivit dans la solitude du Carmel celle qui, comme chef du troupeau, s'y était élancée la première sur les ailes de l'amour divin. Peu après l'arrivée de cette respectable Sœur, on fit les élections; elle fut élue Prieure, et notre Révérende Mère Camille Dépositaire. Quelque temps après, on fut encore obligé de procéder à de nouvelles élections, en raison de l'état d'infirmité dans lequel fut réduite la Révérende Mère Thaïs à la suite d'une attaque de paralysie. La Communauté ne balança pas à se remettre de nouveau sous la conduite de notre Révérende Mère Camille, qui en parut d'autant plus digne qu'elle consacrait au bien-être et au bonheur de la Communauté ses veilles, ses travaux et sa fortune.

Qui dira le zèle avec lequel cette digne Mère s'efforça de remettre peu à peu l'observance de la règle austère du Carmel? L'antique monastère des Carmes vit renaître dans ses murs un nouvel essaim d'âmes sublimes qui s'efforcèrent de gravir jusque sur le sommet du Calvaire, et mirent leur bonheur à s'immoler par les saintes rigueurs de la pénitence. Aussi notre Révérende et digne Mère Camille, pénétrée de l'idée de la gloire que de telles âmes donnent au Seigneur, prodigua-t-elle les richesses matérielles qu'on l'avait contrainte de recouvrer pour rééditier de toutes parts le Carmel de France, que la révolution avait partout désolé. Sa vivante charité coopéra à perpétuer cette postérité bénie, qui, selon l'assurance qu'en donna la très-sainte Vierge à plusieurs saints de Notre Ordre, ne doit jamais périr. Combien de fois a-t-elle admis dans son Monastère, et même avec

une sorte de préférence, des filles qui, dénuées des biens de
la terre, brûlaient pourtant d'un ardent désir d'y entrer, afin
de s'efforcer, sous sa direction, d'y thésauriser pour le Ciel !
Mais autant elle mettait d'ardeur à seconder et à protéger
les âmes ferventes et courageuses, autant apportait-elle de
fermeté à exclure les membres délicats et paralytiques qui
semblent avoir oublié qu'on ne vient au service de J. C.
que pour servir et non pour être servi. Le sacrifice religieux, disait-elle, ne doit souffrir aucune exception. Elle
avait écrit en plusieurs de ses livres, étant novice, la petite
prière suivante, afin que, l'ayant souvent devant les yeux,
elle s'imprimât profondément en son esprit et en son cœur.
Elle en recommandait fort la pratique aux jeunes professes :
« Seigneur, faites de moi une Religieuse selon votre cœur :
« douce, obéissante, une fille d'oraison et de prière; amie,
« sans distinction, de toutes ses sœurs; ennemie de toute
« médisance et de toute division; insensible au mépris,
« aux injures et à toutes les choses de la terre, sensible
« à votre amour et aux biens de l'heureuse éternité. »

Elle goûtait fort aussi la maxime suivante : « Quand on a
« eu le malheur de tomber en quelque faute, il faut s'humi-
« lier et reconnaître que nous n'avons que le péché et le
« mensonge pour partage. Après en avoir fait un aveu sin-
« cère, tenons-nous aux pieds du Sauveur pour lui deman-
« der le pardon et la guérison de nos misères en regardant
« J. C. sur la Croix. » Son âme, qui aimait à se nourrir
de pensées graves et fortes, s'entretenait avec un plaisir
particulier de cette sentence : Il y a trois choses auxquelles
on ne pourra jamais se soustraire : l'œil de Dieu, le cri de
la conscience et le coup de la mort. Il faut respecter l'un,
écouter l'autre, s'attendre et être toujours préparé au dernier. Elle avait écrit ce passage en guise de mémorial :
« Le temps le plus propre pour demander et recevoir le
« Saint-Esprit est celui de la Communion et du saint Sacri-

« fice de la Messe, parce que c'est le même Sacrifice que
« celui de la Croix, et que, au moment de la Consécration,
« le Saint-Esprit couvre l'hostie de son ombre comme il en-
« vironna la sainte Vierge au moment de l'Incarnation. »

Ne pourrions-nous pas aussi, ma Révérende Mère, appliquer
à notre chère Mère ces paroles de l'Ecclésiastique : « Elle a
aimé avec ardeur la véritable beauté? » car quelle langue
pourrait exprimer avec quel zèle elle cherchait à faire honorer Dieu en esprit et en vérité, et combien ses saintes
profusions vinrent souvent réjouir les yeux de l'Éternel?
Quoiqu'elle ait excellé en de grandes vertus, il semble que
rien n'était plus admirable en elle que son grand fonds de
religion et sa tendre piété pour tout ce qui était du culte
divin. La pieuse Église des Carmes lui procura, sous ce rapport, de bien douces consolations, puisque les plus belles
et les plus imposantes cérémonies de la Religion se réité-
rèrent souvent dans son sanctuaire béni. Il y eut un grand
nombre de sacres d'Évêques avant notre départ de ce saint
lieu. Les deux premiers furent ceux de M. de Pancemont,
Évêque de Vannes, le même qui y avait fait célébrer autrefois avec pompe les offices par le clergé de la paroisse de
Saint-Sulpice, dont il était le Pasteur, et M. de Bernier,
évêque d'Orléans. Mais le plus remarquable de tous fut celui
de l'illustre Monseigneur de Quélen; son sacre eut lieu le
28 octobre 1817. L'auteur de sa vie dit que le clergé de
France n'avait pas offert depuis longtemps une réunion aussi
imposante. La cérémonie, accomplie au milieu d'un immense
concours de fidèles, fut touchante et majestueuse. On se
sentait alors porté à s'écrier : « Ô Jacob, que tes tentes sont
belles, et tes pavillons admirables, ô Israël! » Tous les regards étaient tournés vers celui qui recevait la plénitude du
sacerdoce, et qui, absorbé dans la pensée des grâces et des
devoirs de son ministère, semblait ne rien voir de ce qui
se passait autour de lui. Pénétré de la grandeur des obliga-

tions qu'on lui imposait, il inondait l'Autel de ses larmes. Ce digne Prélat venait régulièrement, chaque année, le 28 octobre, célébrer, dans l'Eglise des Carmes, ce jour solennel, ainsi que notre grande fête de Notre-Dame du mont Carmel, le 16 juillet. Après la révolution de 1830, qui lui fit épuiser jusqu'à la lie le calice des amertumes, il venait deux fois, chaque année, faire les ordinations dans notre Eglise. C'était un de ces Pontifes dont le passage sur la terre ne s'oublie jamais. Il daigna accorder un paternel et particulier souvenir à notre chère Mère la veille de sa mort ; elle y fut d'autant plus sensible qu'elle avait pour ce grand Evêque la plus sincère et la plus respectueuse affection. Il fut pendant dix-sept ans le Supérieur immédiat de notre Communauté à laquelle il portait un grand intérêt ; aussi notre reconnaissance l'accompagna-t-elle au delà du tombeau. Fidèles à cette vertu du cœur, nous prions toujours pour lui, malgré la douce persuasion où nous sommes que ses vertus ecclésiastiques et ses longues souffrances l'ont introduit dans la bienheureuse éternité. Nous l'invoquons souvent aussi comme celui qui fut sur la terre notre guide et notre père, et qui est sans doute maintenant notre intercesseur dans le ciel.

Les deux triennaux de notre Révérende Mère Camille étant depuis quelque temps expirés, la Communauté dut se préoccuper de la position où la jetteraient de nouvelles élections. A ses yeux aucun sujet n'était capable de remplacer celle qu'elle regardait à juste titre comme la pierre fondamentale de cet édifice. On en écrivit à Rome à Monseigneur Sala, qui alla, pour ce sujet, se présenter à Sa Sainteté Pie VII. Le souverain Pontife lui répondit : « J'accorde « non-seulement la plus entière liberté, mais je désire que « la Révérende Mère Camille continue à gouverner sa « Communauté tout le temps que sa santé le lui permet- « tra. Il faut écrire au Nonce qu'il aille au plus tôt dire

« mes intentions à cette respectable Dame et à ses chères
« filles. »

Monseigneur Macchi, Nonce apostolique en France, qui
honorait notre Maison de ses fréquentes visites, vint promptement annoncer à nos Mères la volonté du Saint-Père.
« Bonne nouvelle, bonne nouvelle, » s'écria-t-il en entrant.

La Communauté bénit les soins de la divine Providence,
qui, dans sa miséricorde, lui accordait d'avoir pour Prieure
notre vénérée Mère Camille pour un temps indéterminé.
Ce fut alors qu'elle s'appliqua courageusement à perfectionner l'œuvre à laquelle elle avait donné un si heureux
commencement : celle de la restauration du Couvent des
Carmélites de la rue de Grenelle.

Lorsque Monseigneur de Quélen fit un voyage à Rome,
en 1825, le Pape Léon XII lui dit d'agir, pour notre Maison, comme auraient fait nos anciens Visiteurs, parce qu'il
lui en conférait tous les droits. Sa Grandeur nous fit part, à
son retour, de sa triple qualité de supérieur à notre égard,
et confirma de nouveau, pour un temps illimité, notre Révérende Mère Camille dans la charge de Prieure. Les supérieurs qui succédèrent à Monseigneur de Quélen virent la
nécessité de suivre la même règle de conduite en raison de
la situation des affaires de notre Maison, et du bien qu'y faisait encore notre chère Mère, ainsi qu'à plusieurs autres
Carmels de France, qu'elle assistait de ses libéralités.

Après avoir satisfait aux plus urgentes et dispendieuses
réparations du Monastère des Carmes et avoir consolidé ses
bonnes œuvres, notre chère Mère, qui connaissait combien
l'abondance et les richesses sont nuisibles pour le salut, et
surtout à quel point elles sont pernicieuses dans les Monastères, remit ses grands biens à sa famille, et ne se réserva
qu'une rente viagère pour satisfaire à quelques pensions

annuelles auxquelles elle s'était engagée, et assurer le nécessaire à celles qu'elle avait adoptées pour ses filles, ne
voulant pas qu'une extrême indigence nuisît à la régularité
et empêchât la Communauté de se maintenir dans le dégagement si essentiel à la profession religieuse, parce qu'il en
fait autant l'honneur que la sûreté.

Lorsque Monseigneur de Quélen émit, plus tard, son opi-
nion à la chambre des pairs, au sujet d'un projet de loi re-
latif aux Communautés religieuses de femmes, il s'appuya
de cet exemple et s'exprima ainsi : « Près de cette enceinte,
« presque sous les murs de ce palais, Messieurs, une Com-
« munauté de filles de sainte Thérèse passe les jours et les
« nuits à prier pour le Roi et pour la France; c'est le but
« principal que se proposent les héroïnes du Carmel. Sa
« digne Supérieure, dont le nom rappelle une naissance
« illustre et d'honorables services rendus à l'Etat, a re-
« cueilli le riche héritage de ses pères, dont le glaive révo-
« lutionnaire, plus cruel que le glaive mystique, l'avait
« une seconde fois séparée. Qu'a-t-elle fait de ce patri-
« moine? Elle a des parents dans cette chambre; ils peu-
« vent s'élever contre moi, si je ne dis pas la vérité ou si je
« l'exagère. De près de 1 million de biens-fonds, elle ne
« s'est réservé que ce qu'il lui fallait pour sauver de la
« destruction un lieu consacré par le sang des Martyrs et
« pour donner du pain à quelques-unes de ses malheu-
« reuses compagnes qui n'avaient pas d'autre ressources. »

C'était sur ce grand cœur d'Evêque et sur sa bienveillante
affection pour notre Communauté que notre digne Mère se
reposait de son avenir. Mais, lorsque l'Ange de la mort eut
incliné son glaive redoutable sur cette existence si noble,
elle comprit que l'heure du repos n'avait pas encore sonné
pour elle; son cœur maternel prévit que l'extrême étendue
du Couvent des Carmes nécessiterait des dépenses trop con-

sidérables pour que nous pussions les soutenir après elle. Il était, de plus, bien difficile d'approprier ce Monastère aux strictes exigences des règles d'une Communauté de femmes cloîtrées, et elle n'ignorait pas avec quelle ardeur nous désirions de rentrer dans la plus exacte observance de toutes les saintes pratiques du Carmel.

Ainsi donc, elle jugea, avec sa prudence ordinaire, qu'un changement de local était indispensable. Son premier désir et celui de tous les gens de bien avaient eu pour objet de sauver de la profanation ce beau monument lorsqu'elle en fit l'acquisition; depuis lors elle avait souvent formé des vœux pour que les religieux auxquels il avait appartenu revinssent en prendre possession, et jusqu'à la mort du dernier Carme français, arrivée peu d'années avant qu'elle prît cette détermination, elle se préoccupa sans cesse de cette pensée; elle écrivit même aux Carmes de l'Italie et de la Belgique pour leur faire connaître combien elle souhaitait qu'ils se rétablissent en France, et qu'une branche de l'Ordre du Carmel refleurît dans le plus bel établissement que cet institut possédât au monde. Mais ce projet ne put se réaliser.

Monseigneur Denis-Auguste Affre, Archevêque de Paris, de sainte et glorieuse mémoire, entrant dans les vues de notre vénérable Mère, voulut que le diocèse profitât de ses généreuses dispositions; il se fit acquéreur de cette belle propriété, dans le but d'y établir une Congrégation de Prêtres auxiliaires. La pensée que ce saint asile allait être désormais habité par ces ministres du sanctuaire, zélés apôtres de J. C., apporta quelque soulagement à la peine qu'éprouvait notre chère Mère de quitter, à quatre-vingt-sept ans, ces lieux, qui lui rappelaient tant de grands et solennels souvenirs, et qu'elle avait habités près de quarante-huit ans avec ses chères filles. Monseigneur Affre lui avait cependant laissé la liberté d'y demeurer le reste de ses jours; mais, toujours prévoyante pour notre avenir, elle acheta, le 19 février 1842, le Monastère situé dans la même rue de Vaugirard , n° 89 , que les Religieuses Bernardines venaient de quitter pour aller en province. Comme c'était un ancien hôtel que ces dames , malgré les travaux qu'elles avaient fait faire , n'avaient pu mettre en régularité, à cause des excessives dépenses que cela réclamait, notre chère Mère Camille l'entreprit avec un courage digne de sa grande âme, et disposa avec des peines et des soins incroyables le Monastère que nous occupons actuellement.

Le 25 février 1840, une personne inconnue vint sonner au Couvent et remit à la Sœur portière une petite statuette de la sainte Vierge qu'elle venait de trouver dans la vaste nef de l'Eglise Notre-Dame , dans une enveloppe à l'adresse de madame de Soyecourt; c'était précisément le jour où le Révérend Père de Ravignan avait prêché l'oraison funèbre de Monseigneur de Quélen. Cette petite statue, trouvée au milieu des flots de la foule qui se pressait alors dans la métropole, lui parut un signe favorable que la Reine du Ciel veillerait sur ses projets et l'assisterait dans le désir qu'elle avait de procurer un asile stable et solitaire à ses chères filles; elle la porta dès lors toujours sur elle et la consultait dans ses perplexités, car elle en eut de grandes pour se déposséder du beau Monastère des Carmes : elle voulait et ne voulait pas. Aussi Monseigneur Affre , qui , sans la presser, désirait cependant que l'alternative cessât, vint exprès un jour pour connaître sa décision. Notre chère Mère lui dit , en lui montrant sa petite statuette attachée à son scapulaire : « Monseigneur, je prie beaucoup ma dévote sainte Vierge. « — Et que vous dit-elle? lui demanda le prélat. — Qu'il « faut que j'en finisse, lui répondit-elle en soupirant, et que .« j'accepte les offres que me fait Votre Grandeur. » Elle fut encouragée à prendre cette détermination par un saint et respectable ecclésiastique, Vicaire général du diocèse , qui, après avoir formellement contredit ce projet, offrit le saint Sacrifice à cette intention. Soudain Notre-Seigneur lui fit connaître très-distinctement que notre digne Mère devait terminer promptement cette affaire selon les intentions de Monseigneur l'Archevêque. — Monseigneur Affre fut toujours rempli d'égards pour notre chère Mère. Il lui disait une fois : « Ma Mère, j'accorde tout ce que vous voulez, « même les choses qui me semblent impossibles. » Ce digne prélat faisait allusion à l'élection antérieure que la Communauté avait faite de lui comme Supérieur, et qu'il avait eu la bonté d'accepter lorsqu'il venait d'être nommé Evêque coadjuteur de Strasbourg.

Si ce fut, ma Révérende Mère, par l'entremise de la Reine du Ciel que notre respectable fondatrice se décida à traiter de la vente du Monastère des Carmes, ç'avait été aussi par sa protection qu'elle en avait fait l'acquisition, car voici ce qu'elle écrivit derrière une petite gravure que nous avons entre les mains : « Cette image, qui représente la Maison de « Notre-Dame-de-Lorette transportée par les Anges, a été « trouvée entre deux pavés, dans une rue pleine de boue, « sans que l'image restée debout soit le moins du monde « gâtée. La personne qui l'a ramassée venait rendre réponse « de la commission qu'on lui avait donnée de savoir si je « pouvais terminer l'acquisition de la Maison des Carmes, « au sujet de laquelle il s'était élevé de grandes difficultés. « La vue de cette image, qu'on me mit dans la main, me « parut être un gage que la sainte Vierge ferait réussir et « bénirait mon entreprise, et effectivement, depuis ce mo- « ment, tout s'est terminé de manière à ne pas douter que « c'était la volonté de Dieu. »

Le 30 juin 1842, M. l'Abbé Buquet, premier Aumônier de notre Communauté, Chanoine et Promoteur du diocèse, actuellement Vicaire général et Archidiacre de Paris, vint bénir les fondations de la nouvelle chapelle, dans lesquelles notre digne Mère déposa une boîte de reliques qui avaient été soustraites à la profanation lors de la première révolution de 1792 et religieusement conservées par elle. Après cette bénédiction, notre bien-aimée Mère Camille, avec un dévouement que sans doute notre séraphique Mère Thérèse lui inspirait, s'occupa activement de l'organisation de la pieuse retraite que nous avait destinée sa maternelle sollicitude. Mais Dieu, toujours adorable dans ses desseins, interrompit tout à coup lui-même une œuvre dont sans doute il était le principe. Le 17 août de la même année, elle fit une chute si violente en descendant de son lit, que, à une distance assez éloignée, on avait cru entendre tomber un meuble. Le médecin ordonna, le même jour, une saignée qui, n'ayant pas eu un entier succès, nécessita, le lendemain, une application de sangsues et les ventouses scarifiées. Le Seigneur, qui voulait purifier de plus en plus cette âme juste, permit que le dernier de ces remèdes lui occasionnât sur la poitrine une brûlure presque aussi large que la main, ce qui la réduisit dans un tel état de souffrance, qu'elle fut obligée de passer trois nuits de suite dans un fauteuil sans pouvoir se coucher. Elle ne voulut cependant pas quitter sa cellule et permit seulement qu'on mît un matelas sur sa paillasse lorsqu'elle put prendre un peu de repos. Au bout d'un mois environ, elle parut entièrement remise de ce cruel accident, qui, par sa violence, avait fait cesser à l'instant le point de côté occasionné par la chute, et qui faisait concevoir de graves inquiétudes sur sa position.

Comme une autre Thérèse, tirant force de sa faiblesse, elle se dirigea de nouveau vers le bâtiment objet de ses soins, et, oubliant les souffrances que son grand âge, joint à sa constitution délicate, lui occasionnait journellement, elle activait les ouvriers et donnait ordre à tout. Remplies de joie de voir notre vénérée Mère continuer son œuvre avec tant de courage, nous espérions la lui voir achever dans la paix et la consolation; mais, hélas! que notre satisfaction fut courte! Nous la vîmes, l'année suivante, avec une amertume mêlée d'un effroi qu'augmentaient les circonstances où nous nous trouvions, étendue sur un lit de douleur, aux prises avec plusieurs maux dont la nature était mortelle. Dans nos justes alarmes, nous nous hâtâmes de lui faire recevoir ses derniers sacrements, qui lui furent administrés par M. notre digne Supérieur, pour lequel notre chère Mère avait une haute estime bien méritée, et entre les mains duquel elle renouvela ses vœux. Après avoir demandé pardon à la Communauté et nous avoir exhortées à une grande union et charité mutuelle, elle appuya fortement sur l'exacte observance de la Règle, car elle aimait sincèrement son état et était, on peut le dire, Carmélite dans l'âme.

La nuit qui suivit ce grand acte, elle ne s'occupa que de la miséricorde de Dieu et des soins de la divine Providence, qui l'avait pourvue d'un si bon Père en la personne de M. notre respectable Supérieur. Elle répétait les paroles paternelles qu'il lui avait adressées, et se trouvait heureuse et tranquille dans la sainte préoccupation d'une fin prochaine qui l'absorbait tout entière.

Comment redire nos larmes, nos angoisses? La soumission, sans doute, était dans nos cœurs; mais le trait qui les blessait était si intime, que, malgré nous, il nous arrachait des gémissements qui montèrent jusqu'au ciel et lui firent suspendre ses arrêts. Notre bien chère Mère revint encore à la vie et continua, avec un nouveau zèle, ses travaux et son dévouement. La joie inexprimable que nous ressentîmes de la revoir sur pied sans aucun affaiblissement de tête nous fit répéter mille fois ces paroles du prophète : « Vos conso-
« lations, Seigneur, nous ont remplies de joie à proportion
« des amertumes qui ont accablé nos cœurs. »

L'Écriture loue Salomon de son zèle à bâtir au Seigneur un temple magnifique, et l'une de nos anciennes Mères, qu'animait l'Esprit de Dieu, la Vénérable Mère Madeleine de Saint-Joseph, disait qu'elle eût bien volontiers passé sa vie à gratter la terre avec ses ongles, si elle en eût dû tirer de quoi orner les temples du Seigneur. Ainsi donc, il est juste de donner des louanges à notre Révérende Mère Camille pour avoir fait édifier à la gloire de l'Éternel une chapelle dont la seule vue élève l'âme vers lui et inspire le goût des choses célestes. « Vous construirez un temple au Seigneur, » lui avait dit, au temps de sa profession, une religieuse du couvent de la rue de Grenelle. Les événements ont prouvé que ce pressentiment était véritable, quoiqu'il parût alors hors de vraisemblance.

Quoique notre Révérende Mère eût fait bien des sacrifices dans sa longue carrière, le moment était arrivé pour elle d'en consommer un plus héroïque peut-être que tous ceux qui l'avaient précédé, puisque non-seulement il fut volontaire, mais qu'elle le fit dans un âge où, pour l'ordinaire, les habitudes contractées et le besoin de repos deviennent une nécessité.

Il est des âmes auxquelles la divine jalousie fait tout immoler, tout jusqu'aux attachements les plus saints. N'était-ce pas, pour notre vénérable Mère, une douce consolation, quand elle parcourait la vaste et pieuse enceinte du Monastère des Carmes, de pouvoir se dire : « La main des « méchants avait ici tout dévasté dans des jours de terreur; « mais, aidée de l'assistance de mon Dieu, j'ai relevé les « murs de Sion et renouvelé la beauté de Jérusalem? »

Eh bien! c'est sur ces souvenirs si doux, sur ces sentiments si religieux et si intimes que Dieu lui fit porter le glaive de l'immolation! Et voilà que, fidèle à ces desseins d'en haut, elle va quitter ce sanctuaire vénéré, accompagnée de ses filles qui apprécient et partagent son sacrifice.

Le 24 mars 1845, Monseigneur l'Archevêque vint faire dans l'Eglise des Carmes, avant qu'elle cessât de nous appartenir, la bénédiction des cloches qui devaient servir à notre nouvelle chapelle ; il en fut le parrain et notre Révérende Mère Camille la marraine. On avait eu la précaution d'attacher au battant des cloches un long ruban qui, du milieu de l'Eglise où elles étaient placées, aboutissait dans notre chœur, afin que notre chère Mère pût, par ce moyen, les faire sonner au moment marqué par le rituel. Lorsque la cérémonie fut terminée, Monseigneur adressa une pieuse allocution aux fidèles assemblés.

Un mois après, il nous fallut dire adieu pour toujours à la sainte Maison qui, depuis des siècles, voyait de l'enceinte de ses murs s'envoler au Ciel tant d'enfants de notre séraphique Mère sainte Thérèse.

Nous partîmes le matin de notre Couvent des Carmes pour ne rentrer que le soir dans notre nouvelle habitation ; car M. l'abbé Gaume, Vicaire général du diocèse, supérieur de notre Communauté et de celle du Carmel de la rue d'Enfer, permit que nous répondissions au désir qu'avaient ces chères Mères de nous voir, à notre départ, passer une journée au milieu d'elles. Nous y allâmes et nous fûmes reçues avec mille démonstrations de joie et de tendresse. Ainsi se resserrèrent encore les doux liens qui existaient déjà entre les deux Communautés, et qui n'en font qu'une seule et même famille.

Le 23 avril 1845, nous étions définitivement établies dans notre nouvelle demeure. En y entrant, nous demandâmes au Seigneur de vouloir bien nous appliquer ces paroles consignées au livre des Rois, qu'il adressa à Salomon lorsque ce prince eut achevé de construire le temple : « *J'ai sanctifié* « *cette maison que vous avez bâtie pour mon nom, et mes* « *yeux et mon cœur s'y reposeront à jamais.* »

Cinq jours après, le maître-autel fut consacré par Monseigneur l'Archevêque de Paris; on avait dit la Messe, en attendant, dans la salle du Chapitre.

L'*Ami de la Religion* exprima, dans les termes suivants, le départ de notre Révérende Mère du Monastère des Carmes:

« La vénérable Prieure des Carmélites, Mme de Soyecourt,
« a abandonné, mardi, à trois heures, le pieux asile où, de-
« puis un demi-siècle, elle encourageait, par son exemple
« autant que par sa charité, la vie de pénitence à laquelle
« tant de Religieuses se sont vouées sous sa conduite. Par-
« venue à l'âge de quatre-vingt-huit ans, au milieu des
« pratiques de la vie la plus austère, cette femme vérita-
« blement forte a voulu ajouter à tous ses mérites un der-
« nier sacrifice en s'éloignant de cette sainte demeure
« qu'elle avait tant de raisons de chérir. C'est là qu'elle
« avait occupé, pendant quarante-huit années, la modeste
« cellule qui servit de prison à M. le comte de Soyecourt,
« son père, mort victime de sa double fidélité à son Dieu et
« à son roi.

« C'est là qu'elle avait si souvent vénéré les traces en-
« core visibles du sang des Evêques et des Prêtres immolés
« pour la Foi dans les massacres de septembre; c'est là
« qu'elle accueillit, avec une charité et un dévouement dont
« le souvenir s'étendra bien au delà des limites de sa
« longue vie, d'autres confesseurs de la Foi, dont elle a
« eu le bonheur d'adoucir les souffrances et l'honneur de
« partager les épreuves.

« Après avoir été installer elle-même toutes les Reli-
« gieuses de sa pieuse Communauté dans la nouvelle Mai-
« son que sa sollicitude leur avait préparée, Mme de Soye-
« court a voulu se recueillir pendant plusieurs jours en
« présence de tant de souvenirs du Monastère des Carmes,
« répandre une dernière fois encore son âme devant cet

« Autel si souvent témoin de ses longues prières, et dire
« enfin, dans cette complète solitude, un dernier adieu à
« cette sainte Maison que sa générosité arracha à la profa-
« nation et que sa piété vient de mettre à la disposition de
« Monseigneur l'Archevêque de Paris ; puis, avec un cou-
« rage digne de celui qu'elle a montré dans sa longue et
« douloureuse carrière, elle s'est retirée dans son nouveau
« Monastère, pour y consommer le noble sacrifice dont
« Dieu seul connaît tous les secrets, comme il peut seul en
« récompenser l'héroïsme. »

Ce sont actuellement des Dominicains, ma Révérende
Mère, qui vont habiter la plus grande partie de cet édifice
vénéré. Voici ce que disait ces jours-ci, à ce sujet, l'*Ami de
la Religion* :

« Le Révérend Père Lacordaire s'est établi dans l'ancien
« Couvent des Carmes, le 15 octobre, jour de la fête de
« sainte Thérèse. Ce vaste établissement et les beaux jar-
« dins qui en dépendent ont été coupés en deux. Une
« partie deviendra le Couvent des Dominicains, l'autre reste
« à l'école normale ecclésiastique. Ainsi deux institutions
« distinctes et entièrement séparées l'une de l'autre vont
« habiter ces cloîtres qui reçurent successivement les Reli-
« gieux Carmes, les martyrs du 2 septembre, les prison-
« niers de la république et les filles du mont Carmel. Nous
« nous félicitons des grands enseignements que les jeunes
« et pieux étudiants de l'école normale ecclésiastique con-
« tinueront à puiser dans ce sanctuaire encore empreint du
« sang de nos Evêques et de nos Prêtres. »

La sortie définitive du Monastère des Carmes fut pour
notre vénérable Mère un moment de profonde tristesse. Elle
manifesta le désir, en entrant dans notre nouvelle habitation, de se rendre seule au pied de l'Autel où résidait le
très-saint Sacrement, afin d'y puiser la force et la consola-

tion dont son âme avait besoin, et sans doute aussi pour remercier le Seigneur d'avoir à lui offrir ce nouveau sacrifice.

O mère en Israël ! ô femme vraiment forte ! Le jour où nous allâmes pour la première fois réciter le saint Office dans notre nouveau chœur, notre digne Mère entonna avec fermeté le *Deus in adjutorium*, puis elle se retira non sans quelque émotion. Depuis ce moment sa faiblesse et ses infirmités habituelles la mirent hors d'état de venir unir sa voix aux nôtres pour réciter les saints Cantiques du Seigneur.

Sa foi vive lui avait toujours inspiré le plus grand zèle pour le saint Office. Quoique, depuis plusieurs années, elle fût atteinte de surdité, elle ne se dispensa cependant que dans son extrême vieillesse de l'assistance au chœur; aussi l'infirmité que nous venons de citer fut-elle souvent, dans les derniers temps, un grand sujet d'exercice pour elle et de mérite pour nous qui désirions tant lui être agréables. Cette vénérable Mère, persuadée qu'on ne donnait pas assez sa voix au chœur, trouvait que le chant et la psalmodie étaient toujours beaucoup trop bas. « *Autrefois*, disait-elle, *la jeu-* « *nesse était bien plus fervente, car, mes pauvres enfants,* « *à peine si vous remuez les lèvres et si vous desserrez les* « *dents.* » Puis, quand l'heure de la récréation était arrivée, elle appelait toutes les jeunes professes les unes après les autres, et les exerçait à chanter très-haut et très-clair. Près d'elle et dans son oreille, tout allait bien, mais au chœur, quelque élevées que fussent les voix, ce n'était jamais assez fervent ni assez animé.

Son attrait spécial, dans la piété, était l'assistance au saint sacrifice de la Messe. Sa mortification et l'habitude qu'elle avait acquise de se surmonter lui tinrent souvent lieu de forces, pour en entendre jusqu'à trois ou quatre par jour. Elle ne manqua jamais à celle de minuit, même au temps des grandes calamités de l'Église, qui fut celui de ses persécutions. Vous savez, ma Révérende Mère, que c'était à cette grande fête et à cette heure solennelle qu'elle avait eu le bonheur de s'approcher pour la première fois du banquet eucharistique. Elle en entendit encore deux dans une tribune la nuit de Noël la dernière année de sa vie, et M. notre aumônier lui apporta ensuite la sainte Communion à la grille de l'infirmerie.

Elle conservait dans son grand âge l'heureuse coutume qu'elle avait contractée d'élever fréquemment son cœur vers Dieu par de ferventes aspirations. Une de nos Sœurs lui disait un jour, à la suite d'un violent ouragan : « Ah ! ma Mère ! « que d'actes d'amour de Dieu et de contrition cet orage « m'a fait faire ! Je me demandais, à chaque coup de ton- « nerre, si j'étais prête à paraître devant mon juge, et cet « examen m'alarmait, me trouvant bien loin de sa pureté « infinie. » *Pour moi, ma chère fille*, lui répondit-elle, *je n'ai pas besoin d'entendre l'orage pour dire à Dieu que je l'aime.* Et elle lui cita ces vers :

> Il aime Dieu celui qui s'éveille et s'endort
> En lui donnant son cœur à la vie, à la mort,
> Et qui n'a pas besoin d'entendre son tonnerre
> Pour lui dire à genoux qu'il l'aime et le révère.

Il est écrit que l'homme ne trouvera pas de vrai repos dans son lieu d'exil ; aussi allons-nous voir désormais notre bien-aimée Mère lutter, jusqu'à la fin de sa vie, contre les angoisses de la douleur. Ses souffrances, depuis quelques années, n'avaient presque plus d'intervalles, et furent extrêmes en tout genre. Outre de cruels accès de goutte, elle fut sujette à des crampes d'estomac qui la réduisaient parfois dans un état voisin de la mort. Elle pouvait, en effet, passer dans une de ces crises qui avaient toujours lieu la nuit, et semblaient lui annoncer à tout moment l'arrivée du souverain juge. Son état alors nous pénétrait; nous adorions avec frayeur la sévère jalousie de celui devant lequel les cieux mêmes ne sont pas purs. Voyant notre consternation et les soins assidus que nous nous empressions de lui prodiguer, ainsi que sa chère petite infirmière, elle profitait des courts intervalles que lui laissait la douleur pour nous engager à ne pas trop nous fatiguer, et surtout à ne pas nous inquiéter. Elle s'animait elle-même à la patience. « *Un cœur pour aimer, un corps pour souffrir*, répétait-elle souvent; *je suis Religieuse, c'est pour souffrir d'esprit et de corps*. » D'autres fois elle chantait un cantique dont le refrain était :

> Mon Dieu, c'est vous que j'implore,
> Venez pour me soulager,
> Ou, s'il faut souffrir encore,
> Venez pour m'encourager.

Dieu avait répandu dans son âme énergique cet *amour qui est fort comme la mort et inflexible comme l'enfer*. Aussi, comme nous avons pu le voir par toute la suite de sa vie, *les grandes eaux qui sont venues fondre sur elle n'ont pu éteindre sa charité*.

Lorsque nos Sœurs étaient instruites, le lendemain matin, des cruelles souffrances qu'elle avait endurées, elles accouraient en toute hâte dans son infirmerie pour avoir au juste de ses nouvelles et savoir si elle reposait un peu; mais, au lieu de la trouver dans son lit, comme elles le croyaient, elles étaient fort étonnées de la trouver dans son fauteuil avec un air gai et serein. « *Mes pauvres enfants*, disait-elle, *j'ai encore répété cette nuit, mon In manus tuas, car c'était vraiment à y passer*. » A voir la placidité de son visage et le calme de son expression, on aurait cru qu'elle parlait d'une autre personne. D'autres fois, elle chantait, en nous apercevant, des couplets analogues à sa situation qu'elle-même avait improvisés. En voici deux, sur l'air du Juif errant, qui lui revenaient souvent à l'esprit :

1.

La vieillesse me gêne,
J'ai quatre-vingt-douze ans ;
Je conserve ma tête,
Malgré mes maux cuisants;
Je les offre au Seigneur,
En lui donnant mon cœur.

2.

Dans ma longue carrière
J'ai eu bien des tourments ;
J'ai vu dessus la terre
Des bons et des méchants.
Chacun meurt à son tour,
Et moi je vis toujours !

Elle était pleine de délicates attentions pour les personnes qui la soignaient, et en particulier pour son infirmière, dont elle appréciait l'infatigable dévouement. Cette chère Sœur couchait dans une pièce attenante à son infirmerie. Une nuit que les douleurs empêchaient notre digne Mère de dormir, comme cela arrivait souvent, elle se mit à chanter à demi-voix :

Marie-Thérèse, si vous dormez,
Je ne veux pas vous réveiller :
Mais, si vous ne dormez pas,
Accourez à grands pas.

Celle-ci, qui, on peut le dire, veillait en quelque sorte, même pendant son sommeil, par suite de sa tendre sollicitude, se hâta de se rendre auprès de son lit et de lui prodiguer ses soins.

A l'exception de sa surdité et de la faiblesse de sa vue, elle n'avait aucune des autres infirmités qui sont l'apanage de la vieillesse. Ses forces physiques déclinaient, mais son âme semblait prendre une nouvelle vigueur ; jamais son imagination n'avait été plus animée, et sa conversation plus intéressante que dans la dernière année de sa vie. Elle conserva jusqu'à la fin sa mémoire, et cette supériorité de lumières qui la faisait gouverner d'une parole presque aussi efficacement que si elle eût pu, comme autrefois, y ajouter sa présence. Elle dictait encore elle-même quelques-unes de ses lettres et exprimait ses pensées avec noblesse et simplicité ; aussi n'était-elle pas facile à contenter en ce genre, ne pouvant souffrir ni emphase ni obscurité dans le style.

Ne pouvant plus lire qu'à l'aide d'une loupe, et encore avec d'extrêmes difficultés, plusieurs d'entre nous étaient heureuses de lui rendre ce bon office, et remarquaient avec admiration l'intérêt qu'elle prenait à la lecture ; elle était ardente comme par le passé, et on voyait que le sentiment faisait sa vie.

Quatre de nos chères Sœurs, désignées chaque semaine, passaient, pendant l'hiver, les récréations du soir auprès d'elle dans son infirmerie. Sa mémoire et sa gaieté lui faisaient toujours trouver quelque chose d'agréable pour récréer celles qu'elle appelait gracieusement ses *chambellantes*. Rien de plus intéressant surtout que d'entendre cette vénérable nonagénaire chanter nos vieux cantiques gaulois sur le ton le plus haut et le plus clair, et dire quelquefois fort sérieusement : « *Ma voix n'étant pas des plus belles aujourd'hui, ce sera pour demain.* »

Avant que sa vue fût tout à fait affaiblie, quand elle assistait à nos récréations, elle devinait, à l'air de notre visage, ce que nous disions, la dureté de son ouïe ne lui permettant plus de l'entendre. Cette grande pénétration, jointe à son amour maternel, lui faisait même quelquefois comprendre les petites peines qui assiégeaient notre âme sans que nous les lui eussions dites.

Son infirmière, allant régulièrement voir, après Matines, si elle avait besoin de quelque chose, la trouvait souvent occupée, les veilles de Communion, du grand acte qu'elle devait faire le lendemain, et, lorsqu'elle ne pouvait dormir, elle chantait à voix basse :

> Mon bien-aimé ne paraît pas encore ;
> Trop longue nuit, dureras-tu toujours, etc.

D'autres fois, c'étaient des Psaumes, et bien souvent le Cantique *Magnificat*.

Le 1ᵉʳ juin 1848, jour de l'Ascension, elle reçut la visite de Monseigneur Nicholson, religieux Carme irlandais et évêque coadjuteur de Corfou. Il était accompagné de Monseigneur Brown, religieux Bénédictin, évêque de Galles en Angleterre, et, pour compléter cette respectable réunion, notre Révérende Mère fit prier le Révérend Père Lacordaire, que nous avions l'honneur d'avoir pour locataire et que les deux Prélats désiraient ardemment de connaître, de prendre la peine de se rendre au parloir. Ce fut une grande consolation pour elle de voir sous ses yeux, selon la pensée qu'exprima l'illustre Dominicain, des représentants de trois des plus grands et des plus anciens Ordres de l'Eglise. Aussi avec quelle joie toute notre Communauté, qui était présente, courba-t-elle la tête sous leur bénédiction ! Monseigneur de Galles ne pouvait se lasser d'entendre parler notre digne Mère des grands événements auxquels elle avait pris part dans sa longue carrière. Il disait, avec son accent un peu étranger : « Oh ! que cette Révérende Mère est intéressante ! Il faudrait prendre note de ce que dit cette madame. »

Monseigneur Nicholson, qui se rendait à Rome, eut la bonté de se charger de remettre de sa part au souverain Pontife Pie IX les emblèmes dont nous avons parlé, et qui furent l'occasion de la touchante lettre déjà citée, laquelle combla son âme d'une si douce joie, qu'elle conviait tout le monde à y prendre part.

Notre digne Mère, que la mort héroïque de Monseigneur Affre remplissait d'admiration, tressaillit de consolation lorsque l'un des respectables membres de son Conseil, M. l'abbé Eglée, lui fit présent d'une paire de gants blancs de cérémonie de ce saint Prélat. Elle les reçut comme une relique, et les plaça avec honneur sur un coussin garni de fleurs, recouvert d'un globe posé sur un socle en marbre noir où sont gravées en lettres d'or les dernières paroles de l'Évêque martyr : « *Le bon Pasteur donne sa vie pour ses brebis. — Puisse mon sang être le dernier versé !* » Elle prenait surtout plaisir à se faire répéter la pensée qu'on a exprimée avec tant de justesse en disant que ce grand Archevêque *a magnifiquement vécu dans sa mort.*

Monseigneur Sibour, notre digne Archevêque actuel, bien informé de ce que le diocèse de Paris devait à notre Révérende Mère pour la concession du Couvent des Carmes, lui écrivit, même avant son arrivée à Paris, une lettre pleine de témoignages d'estime, de bienveillance et de sa paternelle affection, dont il lui donna une nouvelle preuve en la venant visiter avant toutes les autres communautés de la capitale.

Notre Révérende Mère avait une grande dévotion à saint

Antoine de Pade; elle l'invoquait en toute occasion, l'appelant agréablement *son homme d'affaires*, et disait avoir reçu de Dieu, par son intercession, des faveurs toutes particulières. Ce qu'il y avait de plus remarquable dans son genre de dévotion, c'était une certaine candeur et naïveté, doux fruits des grâces émanant du mystère de la sainte enfance dont elle portait le nom. — « *Je vais tout droit avec le bon Dieu*, disait-elle; *en deux mots, j'expose mes besoins à sa divine Majesté, et puis je le laisse agir.* » Sans doute que sa droiture de cœur lui méritait les tendres affections de son divin Epoux, comme elle lui attirait celles de toutes les personnes qui avaient le bonheur de la connaître.

C'était quelquefois les veilles de grandes fêtes que les fâcheux accidents dont nous avons parlé lui survenaient et la privaient du bonheur de s'unir à son Dieu. Elle fut deux années de suite sans pouvoir communier le jour de la fête de notre sainte Mère Thérèse. Mais la troisième, qui fut l'année dernière, sa santé n'ayant pas mis d'obstacles à ce qu'elle descendît au chœur, elle ressentit une douce joie d'assister à la Messe que disait à six heures un saint Prêtre pour lequel elle conservait une bien sincère reconnaissance en raison des services dévoués et désintéressés que, depuis un grand nombre d'années, il ne cesse de rendre à notre Communauté. « *N'oubliez pas*, dit-elle à une de nos Sœurs, « *de dire à ce vertueux Ecclésiastique combien j'ai été heu-* « *reuse de communier aujourd'hui de la main d'un Séra-* « *phin* (1). »

S'il arrivait qu'on fût obligé de la saigner un vendredi, comme cela avait lieu quelquefois à cause de ses extrêmes souffrances, on ne pouvait la décider, malgré son grand âge, à rompre l'abstinence. « *J'aime tant la purée à l'eau*, disait- « *elle, ce mets me va si bien, qu'un bouillon gras ne me*

____

(1) Un des Directeurs des Missions étrangères.

« *serait pas si salutaire.* » Combien n'étions-nous pas édi-
fiées de voir que, dans ses dernières années, les jours de
jeûne d'Église, elle se privait d'une petite grappe de raisin
qu'elle se permettait les autres jours ! Et cependant elle ne
buvait presque que de l'eau, et prenait si peu de chose pour
sa nourriture, que nos bonnes Sœurs du voile blanc disaient :
« Notre Mère mange comme un petit oiseau. »

L'avant-dernier carême qui précéda sa mort, elle demanda, quelques jours auparavant, à M. notre digne supérieur les permissions particulières pour celles de la Communauté qui en avaient besoin. Notre très-honoré Père, en les
lui donnant, ajouta, afin de lui laisser toute liberté de
prendre les soins que son âge réclamait : « Quant à vous, ma
Mère, vous ferez ce que vous pourrez. » Cette digne Mère,
qui avait toujours eu un attrait particulier pour la pénitence,
profita de ces paroles pour faire beaucoup plus qu'elle ne
pouvait, car elle pratiqua l'abstinence, malgré nos instantes
prières, jusqu'à la moitié du carême, ne voulant, le soir,
que des légumes à l'eau, ce qui la réduisit dans un état
alarmant pour notre tendresse, et contrista M. notre supérieur, qui, étonné de voir qu'elle eût ainsi interprété ses
paroles selon l'inclination qu'elle avait pour l'austérité, l'o-
bligea de laisser ses chères filles rétablir sa santé aussi bien
que possible. « *Hélas !* nous disait notre bonne Mère, *l'estomac d'une fille de quatre-vingt-dix ans n'est pas toujours
des plus complaisants.* »

Quand elle se trouvait forcée de faire gras en carême,
quoique les aliments qu'elle prenait ordinairement en ce
genre fussent des plus simples, elle aurait regardé comme
une immortification d'y en ajouter de maigres dans le même
repas.

On remarquait surtout, en certaines circonstances, son
amour pour la pauvreté ; on ne pouvait obtenir d'elle de lui

acheter quelque chose de neuf. Ses vêtements étaient usés et raccommodés au dernier point.

Pour satisfaire sa tendre dévotion envers la très-sainte Vierge et notre séraphique Mère sainte Thérèse, elle avait fait placer leurs portraits de manière à ce qu'ils fussent toujours devant elle. « *Voyez*, disait-elle naïvement, *avec quelle bonté la sainte Vierge me regarde. Elle semble me dire : Demande-moi ce que tu voudras, je te l'obtiendrai de mon divin fils. Ce sera elle*, ajoutait-elle, *ainsi que notre sainte Mère Thérèse, qui remettra mon âme entre les mains de Dieu.* »

On l'entendait souvent prononcer tout haut des actes d'amour embrasés. Elle répétait par les chemins : « Sacré cœur de Jésus, brûlant d'amour pour nous, faites que mon cœur brûle d'amour pour vous. »

Elle avait une grande dévotion à prier pour les âmes du Purgatoire, faisant dire beaucoup de Messes pour leur délivrance et offrant pour leur soulagement toutes ses prières et bonnes œuvres. Ce sentiment de foi et de charité lui fit faire d'incroyables efforts pour ne pas manquer la sainte Communion, afin que ces âmes souffrantes ne perdissent pas l'indulgence qu'elle avait soin de leur appliquer.

Notre digne Mère Camille, qui avait eu à consigner au livre des douleurs tant de gémissements et d'angoisses dans le cours de sa longue carrière, avait acquis la force et les vertus qui nous aident à vivre dans les jours mauvais. Sa grande âme avait fini par dominer les événements. Ceux qui désolèrent notre patrie l'année dernière et ensanglantèrent les rues de notre capitale la trouvèrent calme et résignée, résolue, disait-elle, d'affronter plutôt les injures des révolutionnaires, s'ils venaient une seconde fois l'attaquer dans la dernière retraite qu'elle s'était choisie, que de la quitter par des mesures de prudence.

Son cœur, quoique brisé des maux qui affligeaient l'É-
glise et son auguste chef, avait une ferme confiance que l'é-
preuve ne serait que passagère. La maxime suivante, qu'elle
avait écrite dans un livre, était toujours présente à son esprit :
« Si Dieu permet que l'enfer se heurte contre les portes de
« son Église qu'il ne rompra jamais, c'est pour réveiller
« ses enfants et les rendre plus fervents dans le service de
« J. C. » Aussi eut-elle l'ingénieuse pensée, en envoyant
quelques emblèmes à notre vénéré Pontife, d'en mettre un
représentant une barque voguant en haute mer, pleine de
Carmélites qui regardent le ciel ; elle-même était placée à la
tête et montrait du doigt les sacrés cœurs de Jésus et de
Marie, en s'écriant avec une sainte confiance :

> Suivons de ces cœurs la lumière,
> Rien ne troublera notre paix ;
> Nous sommes en la barque de Pierre,
> Qui ne submergera jamais.

Semblable aux anciens Patriarches, notre digne Mère avait
toujours, comme nous l'avons vu, dressé des Autels au Seigneur dans tous les lieux où sa divine Majesté l'avait fait
camper au temps de sa persécution et de ses malheurs. Elle
fut encore menacée de transporter ailleurs sa tente, depuis
son entrée dans notre nouvelle habitation ; elle qui nous disait quelquefois : « *Il ne me reste plus, mes chères filles, qu'à
dire mon* Nunc dimittis, » vit, un mois avant sa mort, entrer
dans l'enceinte de nos murs des géomètres envoyés par le
gouvernement pour toiser notre terrain que devait traverser une rue. Elle se reposa de cette dernière inquiétude sur
la divine Providence, dont elle récitait tous les jours les
litanies.

Elle était très-fidèle à ses exercices de dévotion, et aimait
surtout à aller visiter, chaque jour, nos reliques au *Paradis ;*

c'est le nom qu'elle avait donné à la pièce près l'une des galeries du chœur, où elles sont réunies. Sa piété lui a fait décorer cet endroit avec tant de goût, que, lorsque Monseigneur Affre le vit pour la première fois, il se tourna vers elle, et lui dit en souriant : « Ne craignez-vous pas, ma « Mère, que la beauté de ce paradis ne fasse oublier à vos « filles qu'il y en a un autre? »

Dieu, qui avait, ce semble, tout fait pour notre chère Mère durant le cours de sa longue carrière, voulut lui faire sentir, dans les derniers temps, qu'il y a dans la vie de l'homme le plus juste certains moments de douleur et d'épreuve que le Saint-Esprit appelle le temps de l'obscurité. Non-seulement elle se trouva destituée de cette ferveur sensible qui l'avait toujours soutenue dans ses adversités, mais elle ne voyait en elle-même qu'un vide qui la désolait, et en Dieu une sainteté qui la saisissait. Quand elle envisageait la mort, dont la pensée l'occupait si souvent, on l'entendait gémir avec effroi dans l'appréhension des jugements de Dieu, dont elle avait une frayeur extraordinaire. Si, pour là rassurer, nous lui représentions tant de grandes œuvres qu'elle avait faites pour la gloire de Dieu : « *Hélas! mes pau-* « *vres enfants,* répondait-elle avec humilité, *il y a bien de* « *l'alliage dans tout cela. Surtout,* disait-elle, *qu'on ne* « *vienne pas me parler, à l'heure de la mort, du peu de* « *bien que j'ai pu faire dans ma vie.* »

Que n'a-t-elle pas fait pour se préparer, par avance, à ce terrible passage? Que de bonnes œuvres, que de prières, que d'aumônes dirigées à cette fin! Et, dans ses dernières années, avec quel courage elle se traînait au chœur, accablée de souffrances et les jambes tout enflées, afin de pouvoir communier; « car, disait-elle, *je pense toujours que c'est peut-* *être pour la dernière fois.* »

La crainte du Seigneur est le commencement de la sa-

yesse. Ceux qui en sont pénétrés ont le don d'une parfaite intelligence, est-il dit au Psaume 110. Cette crainte excessive qu'avait notre chère Mère de la divine justice, en la faisant gémir dans l'amertume de son cœur, lui inspirait la salutaire pensée de se tourner entièrement vers J. C. avec une tendre et amoureuse confiance. Elle comprenait alors plus que jamais que nous lui devons tout, et que le ciel nous serait fermé et inexorable, si ce divin Pontife, qui y est entré par son sang et le sacrifice de sa vie, ne nous l'avait ouvert. Elle aimait à se rappeler ces paroles : « Le salut est montré à la Foi, il est promis à « l'Espérance, mais il n'est donné qu'à la Charité. »

Elle fit graver sur les murailles de notre cloître les vers suivants composés par une de nos anciennes Mères, et se les faisait souvent répéter quand elle passait :

> Juge adorable, et cependant, mon père,
> Pour te fléchir avant ton jugement,
> Ah ! je craindrai bien plus de te déplaire
> Que je ne crains mon juste châtiment.
>
> Quand tu viendras avec ta récompense,
> Serai-je digne, hélas ! de l'espérer ?
> Tout me frémit, ô mon Dieu ! quand j'y pense ;
> Mais ton amour peut à tout suppléer.
>
> Bientôt viendra cette nuit ténébreuse
> Pendant laquelle on ne peut plus agir.
> Le temps est cher ; oh ! qu'une âme est heureuse
> Qui sans regret le voit enfin finir.
>
> O mon Sauveur, que mon âme attentive
> Fixe en vous seul mes regards et mon cœur !
> Que mon esprit, que tout en moi vous suive,
> Puisque de vous dépend tout mon bonheur.

Elle écrivit aussi pour s'animer à la confiance, dans les dernières années de sa vie, les invocations suivantes :

« C'est vous, Seigneur, qui êtes mon unique espoir depuis
« ma jeunesse; ne me rejetez pas dans le temps de ma
« vieillesse, et ne m'abandonnez pas à présent que je n'ai
« plus de force. J'espère contre toute espérance, ferme
« dans ma foi. — O vous qui, après m'avoir éprouvée par
« de grandes afflictions, vous êtes tourné tendrement vers
« moi, et m'avez retirée de ces temps malheureux; mon
« âme, que vous avez délivrée de tant de dangers, ne se ré-
« jouira plus qu'en vous, ô mon Dieu! »

Malgré ses douloureuses infirmités, que l'âge lui rendait plus pénibles à supporter, nous nous flattions cependant de conserver longtemps encore cette chère Mère, parce que nous savions que son tempérament nerveux et sanguin l'avait fait beaucoup souffrir toute sa vie, et que, d'ailleurs, elle se sentait elle-même, nous disait-elle, pleine de vie et de force. Le médecin, après chaque saignée, était étonné lui-même de la beauté et de la richesse de son sang. Elle conservait, avec cela, une énergie, une gaieté, nous pourrions presque dire un air de jeunesse qui nous faisait dire, ainsi qu'aux personnes qui la voyaient, que, à moins d'accident, elle verrait probablement son siècle. Hélas! cet accident arriva au moment où nous y pensions le moins.

Le 11 novembre de l'année dernière, voulant essayer quelques paires de lunettes, elle s'approcha avec vivacité de la fenêtre de son infirmerie; la faiblesse de ses reins lui fit perdre l'équilibre et l'étendit tout de son long sur le carreau. Son infirmière, qui heureusement se trouvait là, après l'avoir relevée, vint en toute hâte nous avertir de ce fâcheux accident. Nous nous rendîmes aussitôt, avec plusieurs de nos chères Sœurs, auprès de cette vénérable Mère, qui se mit à rire en voyant notre consternation. Elle nous rassura, et dit au médecin, le jour et le lendemain, qu'elle ne se ressentait de rien et se portait à merveille.

Elle marcha, en effet, comme de coutume pendant plusieurs jours, lorsque, tout à coup, une douleur des plus vives la saisit à la hanche au moment où elle se rendait au parloir, et la força de s'asseoir à la place même où elle se trouvait. Le médecin ordonna quelques sangsues qui calmèrent la douleur; néanmoins elle fut réduite, pendant environ trois semaines, à ne plus faire un seul pas. On la conduisit alors, tous les matins, dans un fauteuil à roulettes, de son infirmerie à une tribune donnant sur la chapelle, pour y entendre la sainte Messe, et de la tribune à la grille de l'infirmerie les jours de Communion; mais, par respect pour ce sacrement, elle s'en privait quelquefois; car, disait-elle toute pénétrée, « c'est J. C. qui vient actuellement me chercher. » Puis elle nous entretenait, avec l'expression de la foi la plus vive, du respect et des dispositions qu'exige cet adorable mystère.

Notre Révérende Mère put commencer à marcher vers le mois de décembre; cependant sa faiblesse, jointe à l'enflure de ses jambes et à la mauvaise saison, l'empêchait de descendre à six heures du matin pour communier. Cela dura jusqu'à l'approche du carême, où le médecin lui conseilla d'essayer à se promener un peu au milieu du jour à l'aide de deux bras, pour respirer l'air pur de notre jardin. Mais en vain nous-mêmes fîmes-nous tous nos efforts pour l'y engager; elle protesta qu'elle ne mettrait pas le pied au jardin tant que ses forces ne lui permettraient pas de descendre, le matin, au chœur pour communier.

Ce sacrifice était d'autant plus méritoire pour elle, que, toute sa vie, son âme s'était extasiée à la vue des beautés de la nature, surtout en voyant croître les plantes qui doivent rapporter de belles fleurs et de doux fruits. Elle s'élevait alors vers le Créateur, et son amour le voyait dans la nature comme dans un temple magnifique pour y admirer sa puissance et sa bonté. C'étaient ces douces impressions dont elle eût voulu pouvoir pénétrer tous les cœurs, qui lui faisaient dire qu'elle était née contemplative, et qu'il était étrange que tout le monde ne fût pas frappé de ces miracles de la végétation, qui, ajoutait-elle, se font pendant que nous dormons.

Aussi nos chères Sœurs les sacristines, qui connaissaient son inclination, avaient grand soin de lui présenter les bouquets qu'elles avaient préparés pour orner l'Autel, car elles savaient bien que c'était pour notre digne Mère une douce jouissance qui égayait ses vieux jours.

Mais toutes les consolations que lui eussent procurées quelques petites promenades au jardin, elle se les refusa par le motif que nous avons dit. Elle ne voulut pas même alors se rendre au parloir proche de son infirmerie sans une absolue nécessité. Depuis longtemps, d'ailleurs, à l'exception de deux ou trois personnes, du nombre desquelles était sa petite-nièce, mademoiselle Rosoline d'Hinnisdal, elle n'y allait plus, surtout à cause de sa surdité, que pour les choses importantes qui réclamaient sa présence; aussi nous dit-elle avec une sainte gaieté, à la fin de janvier : « *Je n'ai encore* « *été au parloir, cette année, mes chères filles, que pour* « *recevoir le bon Dieu et mes deux Pères de la Miséri-* « *corde.* » Ces deux dignes Ecclésiastiques de la Congrégation fondée par feu le vénérable abbé Rauzan furent une des dernières et des plus douces consolations que le Ciel accorda à notre bien-aimée Mère à la fin de sa vie; l'un était son confesseur particulier, et l'autre celui de la Communauté. Elle ne parlait qu'avec effusion de cœur de leur dévouement à son égard. Sa confiance et son attachement envers le dépositaire de sa conscience la laissaient en proie à d'amers regrets lorsqu'il était obligé de s'absenter pour aller donner des retraites ou prêcher la station du carême. « *A mon âge*, nous disait-elle, *c'est bien triste de se voir « éloignée de celui qui, après Dieu, connaît le mieux le « fond de votre âme ; car je crains bien, mes pauvres en- « fants, que je ne vous échappe au moment où vous y pen- « serez le moins. Ne vous fiez pas tant à ma bonne mine ; « quatre-vingt-douze ans bientôt, c'est une maladie incu- « rable.* » Hélas ! la triste prévision de notre vénérable Mère Camille n'était que trop fondée ; car Dieu, sans doute par une Providence miséricordieuse, voulant éloigner d'elle les terreurs et les angoisses de la mort, cueillit, au moment où nous y pensions le moins, ce fruit parfaitement mûr pour le ciel ; et, s'il lui accorda la consolation d'avoir son Confesseur auprès d'elle, le jour même de sa mort, nous n'eûmes pas celle de lui voir recevoir le pain des Anges, et le gage de son espérance aux frontières de son Eternité. Mais reprenons de plus haut les circonstances qui nous préparè- rent à ce triste événement, et qui en amenèrent enfin la consommation.

Depuis sa chute elle descendit au chœur, pour la première fois, le jour des Cendres, non sans ressentir de la douleur, car, depuis ce funeste accident, elle eut les jambes et les cuisses plus enflées que de coutume, et ne pouvait même marcher sans que l'enflure remontât et lui occasionnât de violentes palpitations. Elle se traînait néanmoins au chœur les jours de Communion, et souffrait extraordinairement pour remonter, à cause de l'oppression. Une de nos chères Sœurs, ayant eu, à cette époque, une forte entorse qui la retint une quinzaine de jours sans pouvoir bouger, com- mença, le saint jour de Pâques, à aller recevoir son Dieu à la grille de l'infirmerie ; notre digne Mère profita de cette circonstance, et continua de communier avec sa bien-aimée fille autant de fois que nos constitutions le permettent aux malades.

Avec le pressentiment de sa fin prochaine se conciliait, toutefois, la pensée que l'intervention de nos prières adressées à Dieu par l'entremise de Marie et la force de tempérament qui lui restait pourraient encore prolonger ses jours Elle ne voulut néanmoins jamais permettre qu'on demandât au Seigneur la cessation de ses maux. L'une d'entre nous lui dit une fois qu'elle allait prier Dieu de lui envoyer à elle-même toutes ses souffrances, afin de l'en délivrer : « *Don-* « *nez-vous-en bien de garde, ma chère fille*, lui répondit- « elle ; *demandez seulement pour moi la patience.* »

Cette respectable victime consommait ainsi peu à peu son sacrifice. Sa chère infirmière, sur laquelle elle s'appuyait, comme sur le plus doux chevet de sa vieillesse, commença sa retraite annuelle de dix jours le 20 avril. Notre vénérable Mère, après lui avoir recommandé de se livrer sans réserve aux desseins de la grâce, lui signifia de ne manquer à aucun exercice à cause d'elle. S'imaginant un jour qu'elle n'avait pas assisté aux grâces par sollicitude pour ses besoins, elle en fut attristée, et dit à une Sœur qui vint la voir ensuite : « *C'est une grande imperfection de la part de Marie-Thé-* « *rèse ; car Dieu doit toujours passer avant la créature.* « *Son attachement pour moi, en cette circonstance, a été* « *trop humain. Je ne sais si j'aurais fait cela, étant jeune* « *professe.* »

Cependant son catarrhe la reprit fortement quelques jours avant la sortie de retraite de cette dévouée et infatigable Sœur. Notre bonne Mère, qui faisait des vœux pour qu'aucun accident grave ne dérangeât sa chère fille de la solitude, se gêna beaucoup pendant ces dix jours, et ne souffrit même qu'à regret les délicates attentions de celles qui eurent le bonheur d'être choisies pour la suppléer. Il semble, à cet âge, **qu'**aucune autre personne ne saurait remplacer celle qui vous prodigue des soins depuis longtemps.

Le 22 avril, se sentant très-souffrante, elle communia avec grande ferveur, comme pour la dernière fois. Elle se confessa le samedi, 28, et dit, dans la journée, avec beaucoup de simplicité : « *J'ai fait, ce matin, une confession dont* « *je suis assez contente.* » De sa part, c'était beaucoup dire; car cette vénérable Mère apportait tant de préparation au sacrement de pénitence, qu'elle eût voulu, chaque fois qu'elle s'en approchait, ressentir une contrition qui la fît expirer de douleur. Aussi, lorsque, ce jour-là, on venait lui parler, fût-ce une heure auparavant, pour des choses qui pouvaient se remettre : « *Vous ne savez donc pas*, disait-elle, *que je vais bientôt me confesser?* » Elle en riait quelquefois elle-même après, et nous disait agréablement : « *Mes enfants, vous avez une Mère inabordable dans la matinée où elle doit se confesser.* »

Ce même jour, 28, elle se rendit au parloir pour voir M. notre Confesseur, pour lequel elle avait, comme nous l'avons déjà dit, une estime et une affection toutes particulières : « *Mon Père*, lui dit-elle en entrant, *je me meurs, je viens vous faire mes adieux.* » La souffrance lui arracha presque des larmes en ce moment. Notre bon Père, qui avait été effrayé de son état à sa première vue, se rassura bientôt par les charmes naïfs de sa conversation animée. Ce fut néanmoins sa dernière visite.

On la conduisit le lendemain, fête du patronage de notre Père saint Joseph, à la grille de l'infirmerie, pour y recevoir le pain des forts, dont elle s'était approchée toute sa vie avec tant de foi et de respect. Elle eut encore l'intention de le recevoir en forme de Viatique.

Le Prêtre qui la communia s'aperçut, à ses traits, qu'elle était excessivement fatiguée. Elle descendit cependant encore quelques minutes au jardin le lendemain, et remonta à son infirmerie avec d'extrêmes difficultés. La consommation du sacrifice approchait ; la victime, que de longues souffrances et un amour héroïque avaient disposée à son immolation, devait bientôt remettre son âme généreuse entre les mains de son Créateur. Son oppression, devenue habituelle, augmenta beaucoup le 1er mai, et M. notre médecin, concevant de graves inquiétudes, désira s'en associer un second, qui déclara sur-le-champ que la saignée était urgente, et que, sans ce remède, elle était en danger. Il fallut alors encore avoir recours à ce moyen ; sans quoi les deux docteurs disaient qu'elle n'eût pas passé la journée.

Aussitôt après elle se trouva mieux, et même si bien, que le lendemain, 2 mai, croyant être déjà au 5, jour de l'Invention de la sainte Croix, elle se leva toute seule, prit son bâton, et alla dans sa tribune adorer la vraie Croix. Il n'y avait pas moyen de la retenir dans ces circonstances, et il nous fallait, quoiqu'à regret, la laisser faire.

Le dimanche, 6 mai, trois jours avant sa mort, nous fîmes entrer le Révérend Père qui avait toute sa confiance. Elle se confessa et reçut l'absolution, non-seulement avec la foi et la piété qui lui étaient ordinaires, mais dans la respectueuse crainte que lui inspirait la perspective de son dernier passage. Elle pria ensuite son confesseur de vouloir bien se revêtir de son étole, et de la lui poser sur la tête en récitant l'Évangile de saint Jean. « *Ne pouvant assister* « *au saint Sacrifice de la Messe, j'ai beaucoup d'attrait,* « dit-elle, *pour cette dévotion de bonnes femmes.* »

Cependant, ma Révérende Mère, malgré l'assurance que nous donnaient les médecins, que le danger n'était pas imminent, et que la maladie qu'ils appelaient fièvre catarrhale pulmonaire prenait un bon cours, nous n'étions pas sans de graves inquiétudes à son sujet. Nous l'engageâmes à recevoir le saint Viatique comme étant une source de grâces pour la soutenir et ranimer sa vigueur spirituelle.

Mais son grand respect pour la sainte Communion lui fit penser qu'il n'y avait pas assez de temps qu'elle s'était approchée de son Dieu pour le recevoir dans son infirmerie.

Cependant le mieux qui s'était manifesté ne se soutint pas; la nature épuisée pressentait sa prochaine destruction; le repos avait fui loin des yeux de notre chère Mère, ou, si elle s'assoupissait, son sommeil était si agité, que celles qui la veillaient en étaient tout attristées. Elle prononçait tout haut, pendant ce temps, des paroles incohérentes, et appelant celle de nos chères Sœurs qui était là, elle lui disait: « *C'est une chose bien extraordinaire, je me réveille* « *moi-même par les conversations sans suite que je tiens en* « *dormant; cela me fatigue beaucoup.* » Ces circonstances réunies faisaient entendre à nos cœurs affligés une réponse de mort que notre filiale tendresse s'efforçait de ne pas comprendre. Les trois nuits qui précédèrent sa mort, toutes ses paroles révélaient la tendresse de sa dévotion : « *Pour-* « *quoi donc*, demandait-elle, *ne m'avoir pas avertie quand* « *minuit sonnait ? J'aurais dit mon VERBUM CARO* « *FACTUM EST.* » Lorsqu'on lui objectait la crainte qu'on avait eue de la réveiller, cette raison ne la satisfaisait pas. Elle invoquait les saints Anges, son guide tutélaire en particulier, et répétait avec une ferveur admirable : « *O mon* « *bon Ange! intercédez pour moi! Sainte Philomène, priez* « *pour moi!* » Elle récitait aussi en latin plusieurs versets du Psaume *Voce mea ad Dominum clamavi.*

Il serait impossible de trouver une malade plus facile à soigner que ne l'était notre vénérable Mère Camille. Pleine d'égards et de délicates attentions pour celles qui la veillaient, elle ne paraissait impatiente que lorsqu'elle craignait qu'on ne se fatiguât inutilement : « *Ne vous dérangez donc pas* « *lorsque vous m'entendez parler tout haut*, disait-elle dans « *cette dernière maladie, c'est indépendant de ma volonté*

« *Mettez-vous dans le fauteuil, et reposez-vous jusqu'à ce*
« *que je vous appelle.* » Son amour maternel lui fit dire
à une de nos chères Sœurs l'avant-veille de sa mort : « *Je*
« *me suis informée aujourd'hui, ma chère amie, si vous*
« *n'avez pas la courbature, car c'est bien fort pour vous de*
« *m'avoir veillée toute la nuit.* »

M. notre digne Supérieur, qu'elle avait demandé, et qui
ne cesse de donner à notre Communauté les marques du
plus bienveillant et du plus paternel intérêt, entra pour la
voir le 8 Mai, veille de sa mort. Elle lui demanda la permission de recevoir le saint Viatique. Il le lui permit, et
l'engagea même à recevoir tous ses Sacrements de la main
de son respectable confesseur. Mais elle lui exprima le désir
d'attendre pour celui de l'Extrême-Onction, parce que,
comme elle pensait que sa maladie pourrait encore se prolonger trois ou quatre mois, elle souhaitait qu'on ne le lui ad-
ministrât qu'aux approches du dernier moment. Elle le pria
aussi d'avoir la bonté de venir lui-même lui rendre ce
dernier service, se ressouvenant des consolations spirituelles
qu'elle avait éprouvées lorsqu'il l'avait assistée dans sa
grande maladie, et pensant lui en être spécialement redevable. M. le Supérieur nous dit, en se retirant, qu'il reviendrait le lendemain, parce que, quoique les médecins ne
trouvassent pas le danger imminent, et qu'elle-même se
crût encore éloignée de sa fin, il fallait néanmoins, à un
grand âge comme le sien, agir avec prudence.

Lorsque je retournai auprès d'elle, je l'engageai à se disposer à la réception des Sacrements pour le lendemain, et,
voyant qu'elle paraissait craindre qu'on ne fît trop d'apprêts,
nous convînmes que cela se ferait le plus simplement possible.

Cette même nuit qui précéda sa mort, c'est-à-dire celle
du mardi au mercredi, elle fut extrêmement agitée, et ce-

pendant toujours dans une ferveur admirable. Elle chantait d'une voix forte et animée le Psaume *Cantate Domino canticum novum*. « *Ma bonne Mère*, disait-elle à la très-sainte « Vierge qu'elle avait tant aimée et qui l'avait toujours proté- « gée dans sa longue carrière, *assistez-moi, intercédez pour* « *moi ! Sainte Anne, priez pour moi !* » Elle prononça plusieurs fois ces paroles : « *Mon Dieu ! je remets mon* « *âme entre vos mains !* » Elle appela celle de nos Sœurs qui la veillait, et lui dit : « *J'ai consacré mon année au* « *Saint-Esprit* (car elle avait la pieuse coutume de les con- « sacrer chacune soit au sacré Cœur, au saint Sacrement, « etc.); *demandez donc au bon Dieu que j'aille jusqu'à la* « *Pentecôte.* » Elle répéta à diverses reprises « 6, 7, 8, » sans aller plus loin. Hélas ! c'était en effet le lendemain 9 de Mai que sa belle âme devait enfin briser ses liens pour entrer dans la salle du festin éternel et y jouir des embrassements de son divin Époux.

Le matin de ce jour qui devait enlever à notre affection notre Mère vénérée, nous commençâmes à nous apercevoir que ses idées n'étaient plus aussi nettes. Son Confesseur vint dès le matin, et, pendant qu'il était auprès d'elle, plusieurs de nos Sœurs se disposèrent à accompagner le saint Sacrement qu'elle devait recevoir en Viatique. Mais l'agitation de la nuit, occasionnée par une fièvre des plus violentes, existant toujours, il convint, avec notre chère Mère, de revenir l'après-midi. Dans la matinée, elle fut calme, et les médecins, qu'elle édifia ce jour comme elle n'avait cessé de le faire par ses discours pleins de foi, de résignation et d'amour de Dieu, loin de remarquer en elle aucun signe d'une fin prochaine, lui dirent, au contraire, qu'ils la trouvaient mieux qu'à l'ordinaire, qu'elle avait l'œil bon, la langue humide, la parole libre, et qu'ils avaient bien l'espoir de la tirer de cette maladie, qui paraissait prendre un bon cours.

Mademoiselle d'Hinnisdal, qui venait elle-même, chaque

jour, savoir des nouvelles de sa bien-aimée tante, attendit au parloir le départ de son médecin ordinaire, afin d'apprendre de sa propre bouche ce qu'il en pensait. Il lui transmit le favorable bulletin ci-dessus, et lui dit que, étant au douzième jour de sa maladie, le plus fort était passé; qu'il y aurait encore le dix-septième et le vingt et unième qui pourraient être dangereux, mais que tout portait à croire que nous parviendrions à la conserver.

D'après un rapport si consolant pour nos cœurs, quelque inespéré que dût être le rétablissement de notre digne Mère, nous osions encore l'attendre de la miséricorde divine. Le Seigneur voyait couler nos larmes et savait quelle était la ferveur de nos prières, pour éloigner de nous une séparation que nous eussions retardée, s'il eût été possible, aux dépens de nos années.

N'ayant aucune oppression, elle prit, vers midi, son petit repas, et se leva un peu après, paraissant tout à fait dans son état naturel. Son Confesseur revint à l'heure convenue; mais notre bonne Mère, tranquille, ainsi que nous, sur sa position, le fit prier de remettre cela au lendemain. Ce digne Père, auquel nous avions transmis le rapport des médecins, se retira sans inquiétude, ainsi que M. notre Supérieur, qui voulut bien encore, comme il l'avait promis, venir, ce jour-là, savoir de ses nouvelles.

La Dépositaire étant entrée dans son infirmerie sur les cinq heures et demie pour lui rapporter la clef d'un parloir, et la voyant dans son fauteuil, lui demanda comment elle se trouvait. Elle laissa tomber ses deux bras pour lui donner à comprendre qu'elle se sentait extrêmement faible; puis elle lui dit d'un ton de voix très-clair et très-distinct: « *Pourquoi, ma chère amie, les médecins continuent-ils à ve-« nir ? c'est assez inutile maintenant.* » Cette vénérable Mère, éprouvant, depuis quelques jours, le besoin de prendre de la nourriture, pensait que le seul remède nécessaire pour elle était de ranimer ses forces, et que quelques confortants la rétabliraient entièrement. Ma Sœur la dépositaire lui répondit que c'était une consolation pour nos cœurs de prendre l'avis des médecins quand nous la savions malade; et, lui trouvant le teint très-clair en ce moment, elle lui dit pour l'égayer un peu : « Ma Mère, vous conservez toujours « votre jolie mine. » Notre bien-aimée Mère lui fit un gracieux sourire, après lequel cette chère Sœur se retira, dans la crainte de la fatiguer, si elle lui parlait plus longtemps.

Cependant l'heure était arrivée où notre chère Mère devait être mise en possession de la couronne de gloire qu'elle avait méritée par ses longs et pénibles travaux entrepris et soutenus pour l'amour de son céleste Époux. Après l'oraison du soir, je me rendis auprès d'elle, afin d'être présente à la visite de l'un des docteurs, qui venait régulièrement deux fois par jour depuis sa dernière saignée; mais, soit à cause du mieux qu'il avait cru remarquer chez elle le matin, ou pour d'autres raisons, il ne revint pas ce jour-là. Son infirmière lui demanda si elle voulait se recoucher pendant que j'étais là; elle répondit qu'elle le voulait bien, et, comme elle se plaignit, lorsqu'elle fut posée sur son lit, d'être très-fatiguée, je lui dis à l'oreille, sans la regarder, qu'un peu de repos allait la remettre, et la quittai afin de faire chauffer une serviette pour envelopper ses pieds. Elle demanda un petit oreiller qu'elle plaça encore elle-même derrière ses reins. A peine étais-je arrivée près de la cheminée, que son infirmière, qui ne l'avait pas quittée, s'écria tout effrayée : « Mon Dieu! on dirait que notre Mère tourne à la mort! » J'accours, et je vois, en effet, la pâleur de la mort empreinte sur ses traits. Une frayeur soudaine me saisit, j'envoie promptement chercher un Prêtre, tandis que l'infirmière agite violemment toutes les sonnettes, pour que la Communauté, qui était depuis un quart d'heure au réfectoire, accoure en toute hâte. Alors un cri d'effroi se fit entendre dans toute la maison, et une scène de douleur qu'il serait impossible de décrire se passa près de la couche funèbre de notre vénérée Mère. Les premières qui purent entrer dans son infirmerie se précipitèrent près d'elle, et, l'ayant vue pousser encore quelques soupirs, lui suggérèrent les trois invocations : « Jésus, Marie, Joseph, je vous donne mon cœur, « mon esprit et ma vie! Jésus, Marie, Joseph, assistez-moi « dans ma dernière agonie! Jésus, Marie, Joseph, faites que « j'expire paisiblement en votre sainte compagnie! » D'autres, prosternées devant le Seigneur, le conjuraient d'envoyer assez promptement un de ses Ministres pour que leur Mère bien-aimée pût recevoir une dernière bénédiction sacerdotale avec l'indulgence *In articulo mortis*. M. l'abbé Maccarthy, Aumônier des Dames de Bon-Secours, fut le premier qu'on put rencontrer. Il lui fit encore une Onction et lui appliqua l'Indulgence; mais nous n'eûmes pas la certitude qu'elle put profiter de cette dernière grâce, car celle qui, peu d'instants auparavant, semblait être revenue à son état ordinaire n'entendait plus nos gémissements, n'écoutait plus notre voix, parce qu'elle était passée, doucement il est vrai, mais subitement, de ce monde à l'autre. M. l'abbé Maccarthy, qui, en ce moment de suprême désolation, nous semblait être un Ange de paix envoyé de Dieu pour nous aider à supporter un coup si accablant, tout en nous témoignant, avec l'effusion d'une charité compatissante, la part qu'il prenait à notre affliction dont il appréciait les justes motifs, ne laissa pas de s'efforcer d'en tempérer l'amertume en nous représentant que, si la mort de notre bien-aimée Mère avait été en quelque façon subite, elle n'avait certainement pas été imprévue.

Toutefois, ma Révérende Mère, il était impossible que la consommation d'un sacrifice aussi prompt et aussi douloureux ne déchirât pas nos âmes et ne les plongeât pas dans un torrent d'amertume. Aussi, pendant plusieurs jours, nous n'eûmes presque d'autre nourriture et d'autre langage que nos sanglots et nos larmes. La mort n'avait eu aucune de ses souffrances et de ses misères, mais la séparation avait toutes les siennes.

Tout accablées et renversées que nous étions, nous ne pûmes cependant, en adorant la volonté de Dieu, qu'admirer sa conduite sur notre vénérable Mère Camille, car c'était évidemment dans des vues de miséricorde qu'il lui avait épargné les angoisses du trépas, ayant, comme nous l'avons dit, une crainte excessive de ce dernier passage, et redoutant surtout les jugements de Dieu.

Après sa mort, les rides disparurent de son visage, et il devint si paisible et si beau, qu'il semblait nous dire que notre chère Mère était déjà en possession de la béatitude. Lorsqu'elle fut exposée dans le chœur, sa vue excita la plus tendre piété dans toutes les personnes du dehors qui la contemplèrent. On croyait voir une personne d'une cinquantaine d'années, absorbée dans un doux sommeil, et une de nos Sœurs étant dans le doute qu'elle eût vraiment quitté la vie, nous fîmes entrer M. le docteur Fiseau avant que l'on scellât la bière de plomb où ses restes mortels étaient déposés, afin qu'il nous certifiât de nouveau que la lumière de ce flambeau était réellement éteinte.

Son médecin habituel, M. Lecouteulx, qui lui avait toujours prodigué ses soins avec le dévouement le plus empressé, écrivit, après sa mort, la lettre suivante, où est consignée la nature de la maladie qui nous l'a enlevée.

Paris, 12 juin 1849.

« Madame Camille de Soyecourt, Révérende Mère Prieure « des Dames Carmélites, décédée le 9 mai 1849, à quatre- « vingt-onze ans dix mois, était arrivée à ce grand âge sans

« autres infirmités apparentes que l'affaiblissement de la vue
« et la dureté de l'ouïe. Elle était d'un tempérament ner-
« veux, sanguin.

« Depuis plusieurs années que j'étais honoré de sa confiance,
« j'avais reconnu un développement considérable de volume
« du cœur appelé *hypertrophie*. On pourrait, jusqu'à un cer-
« tain point, faire remonter cette affection à la première ré-
« volution, car on a eu beaucoup d'exemples où la vue de
« hideux tableaux, de fortes émotions de l'âme, les chagrins
« qui en ont été la suite ont fourni une foule de preuves
« de l'influence des affections morales sur l'origine de cette
« maladie. Madame de Soyecourt a passé par toutes les
« épreuves de cette terrible époque.

« Elle avait conservé la mémoire et toutes les autres fa-
« cultés intellectuelles, et se montrait bienveillante envers
« les personnes qui avaient le bonheur de l'approcher.

« Mᵐᵉ de Soyecourt fut atteinte, il y a quelques années,
« d'une fluxion de poitrine grave que j'ai traitée par les
« saignées locales et générales. Sa santé était habituelle-
« ment assez bonne, si ce n'est, en hiver, des rhumes. L'état
« du cœur nécessitait impérieusement, chaque année, deux
« ou trois saignées, et cela malgré son grand âge et le
« régime austère de la Communauté. Les émissions san-
« guines avaient toujours pour résultat un soulagement
« immédiat avec disparition de l'*œdème* (ou *confiltration*
« *des pieds*).

« Vers la fin d'avril 1849, elle eut un rhume, d'abord
« sans fièvre; mais, le 1ᵉʳ mai, il s'en développa avec un
« peu d'oppression, qui nécessita une saignée qu'elle sup-
« porta très-bien. Elle se leva même, les jours suivants, dans
« son fauteuil. Je la vis, pour la dernière fois, en consul-
« tation avec M. le docteur * * *, le 9 mai. Elle ne parais-
« sait pas être plus mal; aucun symptôme ne pouvait faire

« prévoir une fin aussi prochaine. Elle succomba au mo-
« ment où l'on s'y attendait le moins. Il n'est pas douteux
« pour moi que cette *hypertrophie du cœur*, jointe au grand
« âge, n'ait terminé une aussi noble existence. »

Nous vous avons communiqué, ma Révérende Mère, avec
une sorte de minutie, le détail des derniers moments de
notre Révérende Mère Camille, ne doutant point que vous
ne voulussiez bien y prêter le même intérêt que vous aurez
daigné accorder à l'exposé que nous venons de vous faire de
sa vie et de ses vertus. Nous ne pensions pas, en commençant, nous étendre aussi longuement, ayant l'intention de
nous borner à une lettre circulaire ; mais les faits se sont
tellement enchaînés les uns avec les autres, que, ne voulant
pas priver notre saint Ordre d'un si grand sujet d'édification,
nous nous sommes trouvée entraînée, nous oserions presque
dire comme malgré nous, en raison du peu de temps que
nous avions à donner à ce travail, et du regret que nous
éprouvions de ne pouvoir répondre plus promptement à l'attente générale de nos Maisons.

Permettez-moi, ma Révérende Mère, qu'en terminant ce
récit nous implorions encore le secours de vos prières pour
l'âme de notre chère et vénérable Mère Thérèse-Camille de
l'Enfant-Jésus. La Foi nous enseigne qu'aux yeux du Dieu
trois fois Saint les astres les plus purs ne sont pas toujours
exempts de quelques taches. Comme il ne nous est pas permis
de pénétrer dans l'abîme des jugements du Seigneur, nous
devons croire, avec saint Grégoire, que, quelques vertus
que l'homme ait pratiquées sur la terre, il ne sera sauvé que
par la grande Miséricorde du souverain Scrutateur des cœurs.
De crainte donc que celle que nous pleurons ne soit encore
que dans le lieu de l'Espérance, veuillez, ma Révérende
Mère, lui appliquer, de toute l'affection de votre cœur, les
paroles de saint Ambroise pleurant sur les cendres de son

ami, paroles si souvent empruntées déjà pour exprimer avec quelle ardeur nous devons désirer les saintes Joies de l'Éternité aux âmes qui nous furent chères : « Je l'ai aimé, « disait ce saint Pasteur, et, parce que je l'ai aimé pendant « sa vie, je veux le conduire, après sa mort, dans la région « des vivants où l'appellent ses mérites, et je ne l'abandon- « nerai pas que je ne l'aie introduit dans les Tabernacles « éternels par mes vœux et par mes prières. »

Nous avons été extrêmement touchées des témoignages de douloureuse sympathie que se sont empressées de nous donner plusieurs de nos Maisons aussitôt après ce triste événement ; nous y avons vu une nouvelle preuve de l'écho qu'a trouvé dans leurs cœurs la singulière affection que notre digne Mère leur a témoignée pendant sa vie, et nous sommes heureuses de leur exprimer, en cette circonstance, toute l'effusion de notre gratitude.

Nous avons l'honneur d'être, avec un profond respect, en union de vos saintes prières dans la divine Charité du Cœur de Jésus et dans celle de son Immaculée Mère,

Ma Révérende et très-Honorée Mère,

Votre très-humble Servante,

Sr MARIE-ÉLÉONORE DU SAINT-SACREMENT,

R. C. ind., P^{re}.

De notre Monastère de Sainte-Thérèse,
sous la protection de notre Père saint Joseph,
rue de Vaugirard.

―――――

La mémoire de notre Vénérable Mère Camille sera parmi nous en éternelle bénédiction, *parce que les œuvres de sa piété subsisteront à jamais.* Nous ne la nommons pas sans sentir l'impression de la douceur de son souvenir et en même temps l'amertume de sa perte. Aussi nos regrets sont-ils proportionnés au vide qu'elle laisse dans notre Maison et aux innombrables bienfaits dont elle lui est redevable.

Il ne nous serait guère possible de rapporter tous les témoignages d'estime, de reconnaissance et de vénération qu'un grand nombre de personnes aussi illustres par leur savoir que par leur piété rendirent unanimement à la mémoire de notre digne Fondatrice. Il est peu de Religieuses qui aient été aussi généralement connues, et dont la vie ait été aussi agitée par les affaires et les événements. Aussi nous disait-elle quelquefois en adorant la mystérieuse conduite de la divine Providence à son égard : « *J'étais entrée* « *aux Carmélites pour être éteinte dans le souvenir de tous* « *les hommes et être débarrassée de tous les intérêts du* « *siècle; mais Dieu m'a conduite par une voie tout opposée* « *à celle que j'avais voulu me choisir.* » Nous ne pouvons nous dispenser d'insérer ici quelques lettres qui lui sont trop honorables pour les passer sous silence. Nous commencerons par transcrire le passage suivant de celle que nous avons reçue d'un illustre Archevêque :

17 mai 1849.

Hélas! j'étais loin de m'attendre à la triste nouvelle que vous me donnez. L'âge de votre bonne Mère devait pourtant nous faire présumer qu'elle approchait de son terme; mais ce sont de ces pensées auxquelles on ne s'habitue pas.

Quoiqu'elle vous ait été enlevée bien rapidement et que vous n'ayez pas pu la faire administrer, je ne saurais cependant avoir aucune inquiétude sur son sort éternel. C'était une âme très-grande, très-noble, très-droite, qui avait toujours eu l'amour de son état, l'amour de l'Église et l'amour de l'aumône. Avec ces trois amours, on est dans le Cœur de Notre-Seigneur ; et qui peut en séparer ? . . .

Les dignes Pasteurs et les bons habitants de ses anciennes terres partagèrent notre douleur, et donnèrent au souvenir de leur ancienne Bienfaitrice des témoignages non équivoques de leur vénération et de leur reconnaissance.

M. le Curé de Guerbigny, en Picardie, nous écrivait :

18 mai 1849.

J'ai appris la perte douloureuse que vous venez de faire en la personne de Vénérable et Révérende Dame Thérèse-Françoise-Camille de Soyecourt, votre chère Mère, et je partage bien votre affliction...

Aussitôt la nouvelle de sa mort, je l'ai fait annoncer à la paroisse par le son des cloches, et je l'ai recommandée aux prières des fidèles. Tous les jours, aux pieux exercices du mois de Marie, nous récitons les litanies de la sainte Vierge et le *De profundis* pour le repos de son âme. Pendant un an, elle sera recommandée, chaque dimanche, d'une manière spéciale au Prône de la Messe paroissiale, avec un *De profundis* particulier. Pendant un an aussi, les petites filles de l'école, institution dont elle est la fondatrice, réciteront en commun, à la classe, le matin et le soir, le *De profundis* à la même intention, et j'ai invité aussi les personnes pieuses à faire une communion pour la même fin.

De concert avec la commune, je fais, lundi 21 du courant, un service solennel auquel sont invités plusieurs Prêtres. Nous commencerons par chanter les Vigiles dimanche après vêpres, à trois heures, et le lendemain, au service, mon intention est d'adresser une allocution à mes paroissiens sur la vie de cette Dame vénérable à tant de titres, plus riche encore de vertus que d'années. Je crois en cela lui payer un tribut de reconnaissance pour moi, et pour la paroisse qui était sa privilégiée, et par là aussi répondre au désir de votre Communauté et lui être agréable. N'oubliez pas, je vous prie, dans vos œuvres si méritoires, la paroisse et le Pasteur de Guerbigny, etc.

———

Voici la lettre que nous adressa M. le Curé de Soyecourt :

MADAME,

Aussitôt que je sus la perte que nous venions de faire dans la personne de Madame Camille, votre Mère et la nôtre, j'ai fait sonner son décès. Grand émoi fut chez tous mes paroissiens, car sa mémoire passera, chez moi, dans le cœur des enfants et des petits enfants, de ceux même qui ne la connaissent que de nom et de réputation.

Le lendemain de l'Ascension de Notre-Seigneur, nous devons faire un service solennel pour le repos de son âme, qui a paru devant le Seigneur, qui juge toutes les justices même. Unissons nos prières ensemble pour qu'il veuille bien la faire participer au bonheur des Saints, si toutefois elle n'est déjà associée aux chœurs des Anges et des Vierges. J'ai la confiance qu'elle n'a quitté ce monde que pour prier pour vous dont elle est encore la Mère, et pour les habitants de Soyecourt, et pour celui qui est chargé du fardeau de leurs âmes.......

Je ne vous ai pas écrit poste pour poste, dit-il à la fin de sa lettre, parce que je voulais savoir si mes paroissiens assisteraient au service solennel que je me proposais de chanter pour l'âme de notre Mère. J'ai averti les chantres et les sonneurs que nous ferions ce service gratuitement, en reconnaissance de tous les bienfaits qu'elle avait répandus sur Soyecourt. Tout le monde s'est empressé. Les sonneurs, quoique pauvres, ont sonné la veille comme de coutume, et ce jour-là au matin, et pendant l'Office. Le service a duré trois heures. Je suis certain qu'il y avait plus de trois cents personnes de mes paroissiens. Je leur ai témoigné ma gratitude. J'oubliais de vous dire que presque tous mes paroissiens ont assisté au service en habit de deuil; c'est ce qui montre combien ils tenaient à assister à ce service.

Soyecourt, 18 mai 1849.

Ce digne Curé nous écrivait quelques jours après :

Je viens vous faire part de la perte douloureuse que nous venons de faire en la personne du Frère Acace-Marie, né Boitet. Il est mort de la mort des Justes, j'en ai la confiance. L'abbé Moilet, Curé d'Épinancourt, est mort sept à huit mois avant Madame Camille, pour aller préparer la couronne qui ceint, j'en ai la douce confiance, la tête de cette héroïne chrétienne. Le Frère Acace-Marie l'a suivie de près, afin d'aller ajouter une nouvelle perle à sa couronne, car tous deux lui doivent le bonheur d'être ce qu'ils étaient dans ce séjour de misères : l'un d'être membre d'une honorable Congrégation, l'autre d'être revêtu du Caractère sacerdotal, etc.....

Soyecourt, 18 juin 1849.

Parmi les différents articles insérés dans les journaux, nous ne citerons que le suivant, qu'une personne obligeante voulut bien nous communiquer.

VOIX DE LA VÉRITE.

10 mai 1849.

Madame de Soyecourt, Prieure des Carmélites de la rue de Vaugirard, 89, à Paris, est morte hier, à six heures du soir, dans sa quatre-vingt-douzième année; elle avait près de soixante-cinq ans de religion.

Son grand âge n'avait affaibli ni la force de sa tête ni la piété de son cœur. La Communauté à la tête de laquelle elle était a longtemps, comme on sait, habité l'ancien couvent des Carmes. Un sentiment de foi et de piété filiale avait porté Madame de Soyecourt à faire l'acquisition de ce Couvent. M. son père y avait été enfermé pendant les jours de la terreur, et puis elle espérait que des jours meilleurs viendraient et qu'elle pourrait le rendre à sa destination première. Ses désirs, à cet égard, n'ayant pu littéralement s'accomplir, elle avait offert aux Pères de la Compagnie de Jésus la belle propriété des Carmes, moyennant une faible indemnité qui lui permît de préparer ailleurs à ses chères Filles en J. C. une demeure modeste et convenable. L'Archevêque de Paris, Mgr. Affre, désira, pour son Diocèse, ce que Madame de Soyecourt offrait aux Révérends Pères Jésuites. Ceux-ci, qu'on se plaît à représenter toujours si avides, si entreprenants, se retirèrent aussitôt, et Mgr. l'Archevêque put prendre possession de l'ancien Couvent des Carmes et de son Église.

Ainsi le Diocèse de Paris doit à Madame de Soyecourt d'abord la conservation et ensuite la jouissance de ce vaste établissement ou plutôt de ce précieux monument.

L'Eglise de France et même les Églises étrangères lui ont d'autres obligations. Madame de Soyecourt avait recueilli de magnifiques débris de la fortune de ses pères; elle n'en a pas déshérité sa famille. Toutefois Dieu a eu sa part ; elle a aidé à se relever et à se soutenir plusieurs monastères de son Ordre. Ses pieuses libéralités, surtout dans les temps difficiles, et, par exemple, lors de la captivité de Pie VII et de la plupart des membres du sacré Collége, allèrent chercher et consolèrent bien des infortunes ecclésiastiques, depuis les plus hauts rangs de la hiérarchie jusqu'aux derniers. Madame de Soyecourt n'a pas été un Père de l'Église ; mais elle en a été en quelque sorte et souvent une des mères nourricières.

Il ne faut donc pas s'étonner que le nom de cette sainte Religieuse soit connu et révéré d'un bout à l'autre du monde catholique ; ses bienfaits ont pénétré partout : les Églises persécutées, les pays de mission, les pauvres Prêtres, les Religieuses qui n'avaient point retrouvé d'asile après la dispersion, les Couvents qui voulaient se relever, tous et partout avaient eu à bénir sa main généreuse.

Pleine d'affabilité pour les petits et les pauvres, les grands du monde, princes et autres, traitaient avec elle comme avec une puissance ; il faut avouer qu'on ne trouva nulle part plus de cette bienveillance élevée, de cette noble simplicité qui touche et impose, et que donne toujours la piété unie à une éducation distinguée, à de nobles souvenirs et à une grande naissance.

Madame de Soyecourt est donc une des gloires de l'Église de France au dix-neuvième siècle. Sa mémoire sera aussi bien précieuse pour la famille d'Hinnisdal où s'est fondue la sienne, et à laquelle s'est unie, entre autres, dans ces derniers temps, la si noble famille de Bryas.

Deux jours après, la même feuille ajoutait :

Les obsèques de Mme de Soyecourt, Supérieure des Carmélites, dont nous annoncions la mort avant-hier, ont eu lieu aujourd'hui.

Le corps de la défunte avait été exposé hier dans la partie de la chapelle cloîtrée et réservée aux Religieuses ; mais le voile de la grille avait été retiré, et les fidèles pouvaient contempler, après sa mort, les traits de cette sainte fille du Carmel, qui les avait soustraits, pendant sa vie, à tous les regards. Elle était vêtue de sa bure de Carmélite ; seulement on avait placé sur sa tête une couronne de fleurs blanches (1), figure touchante de la couronne qui récompense sans doute en ce moment tant de bienfaits, de si rudes épreuves et des vertus si persévérantes.

Aujourd'hui les restes mortels de la vénérable Prieure avaient été placés dans un double cercueil ; l'aumônier du Monastère a célébré, dès huit heures, un service solennel, après lequel l'absoute a été faite par le Supérieur de la Communauté, M. l'abbé Gaume, Vicaire général.

A dix heures l'enlèvement du corps a eu lieu, et il a été conduit à l'Eglise des Carmes, où un nouveau service a été célébré par M. le Curé de Saint-Sulpice (2), dans ce lieu où son père fut prisonnier pendant nos discordes civiles ; dans ce lieu où, pendant quarante ans, elle a prié avec ses saintes filles, pour le repos de l'âme de ce père vénéré, et, suivant les prescriptions de la règle de sainte Thérèse, pour la paix et le triomphe de la sainte Eglise, pour les besoins et la conversion de tous les hommes. C'est pour accomplir librement ce saint ministère de la prière chrétienne et filiale auquel elle fut si fidèle, qu'elle avait fait l'acquisition des Carmes.

(1) Cette couronne était la même qu'avait portée, le jour de sa première communion, mademoiselle Rosoline d'Hinnisdal, qui s'était fait un plaisir de l'offrir ensuite à sa respectable tante.

(2) C'est par erreur que le journal avait dit par M. l'abbé Buquet, archidiacre.

Il n'est donc pas vrai que les Couvents et la retraite dessè-
chent les cœurs et tuent la mémoire.

Nous avons assisté à la levée du corps de la glorieuse fille
de sainte Thérèse. Ses Sœurs l'ont accompagnée jusque sur
le seuil de la clôture, et puis elles sont rentrées dans leur
chapelle intérieure, d'où les sanglots venaient jusqu'à nous;
immédiatement elles ont abaissé le voile qui les sépare du
monde, même dans le lieu saint, et qui ne sera plus relevé
sans doute que quand l'une d'elles les quittera pour aller à
Dieu.

Ces fortes et chrétiennes amitiés du cloître, ces pieuses
tristesses, ces larmes sanctifiées, ces mystères sacrés de la
solitude, inconnus et inappréciés du monde, toute cette vie
qui appartient encore à la terre par les épreuves et les apparences, mais dont la pensée et la conversation sont déjà
dans le ciel, tout cela nous a grandement touché, et nous
n'avons pas été seul à partager l'émotion qui brisait en ce
moment les cœurs dans cet humble Carmel. Nous avons vu
des larmes couler sur plusieurs visages; nous n'avions,
d'ailleurs, jamais fait partie d'un cortége plus pénétré et
plus recueilli. Il se composait de quelques hommes du
monde, de pieuses dames; il n'avait été adressé aucune in-
vitation par la Communauté.

FIN.

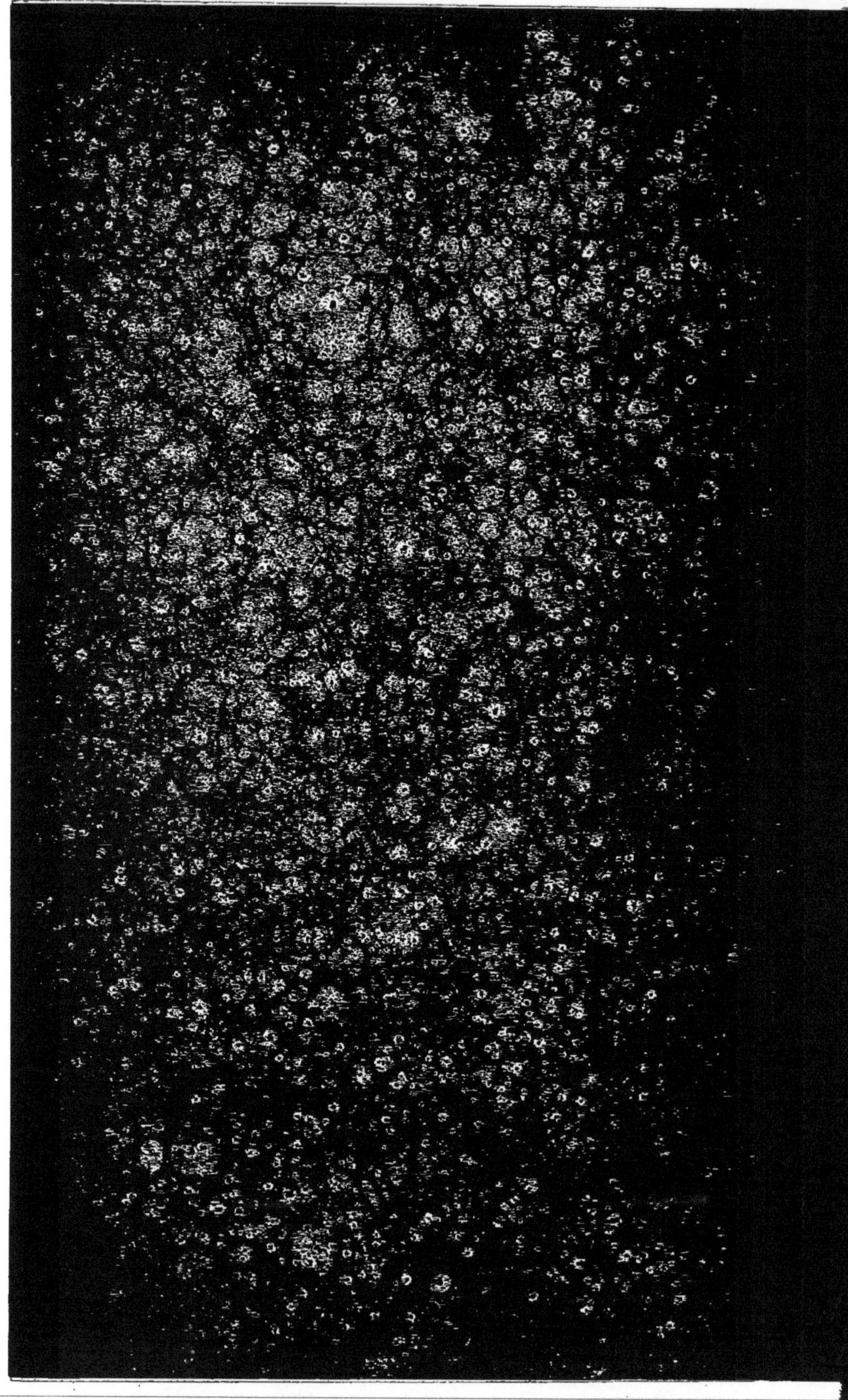

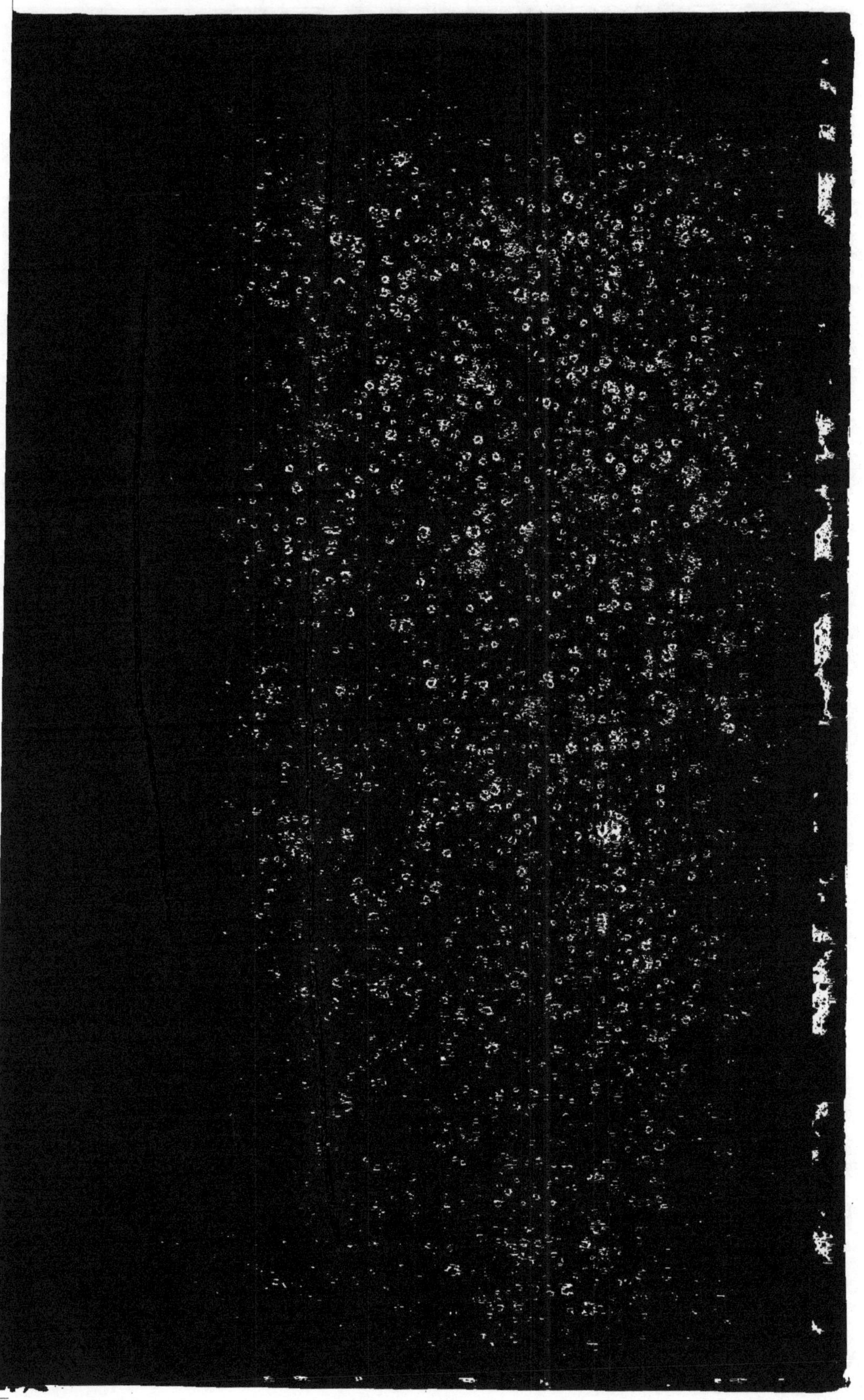

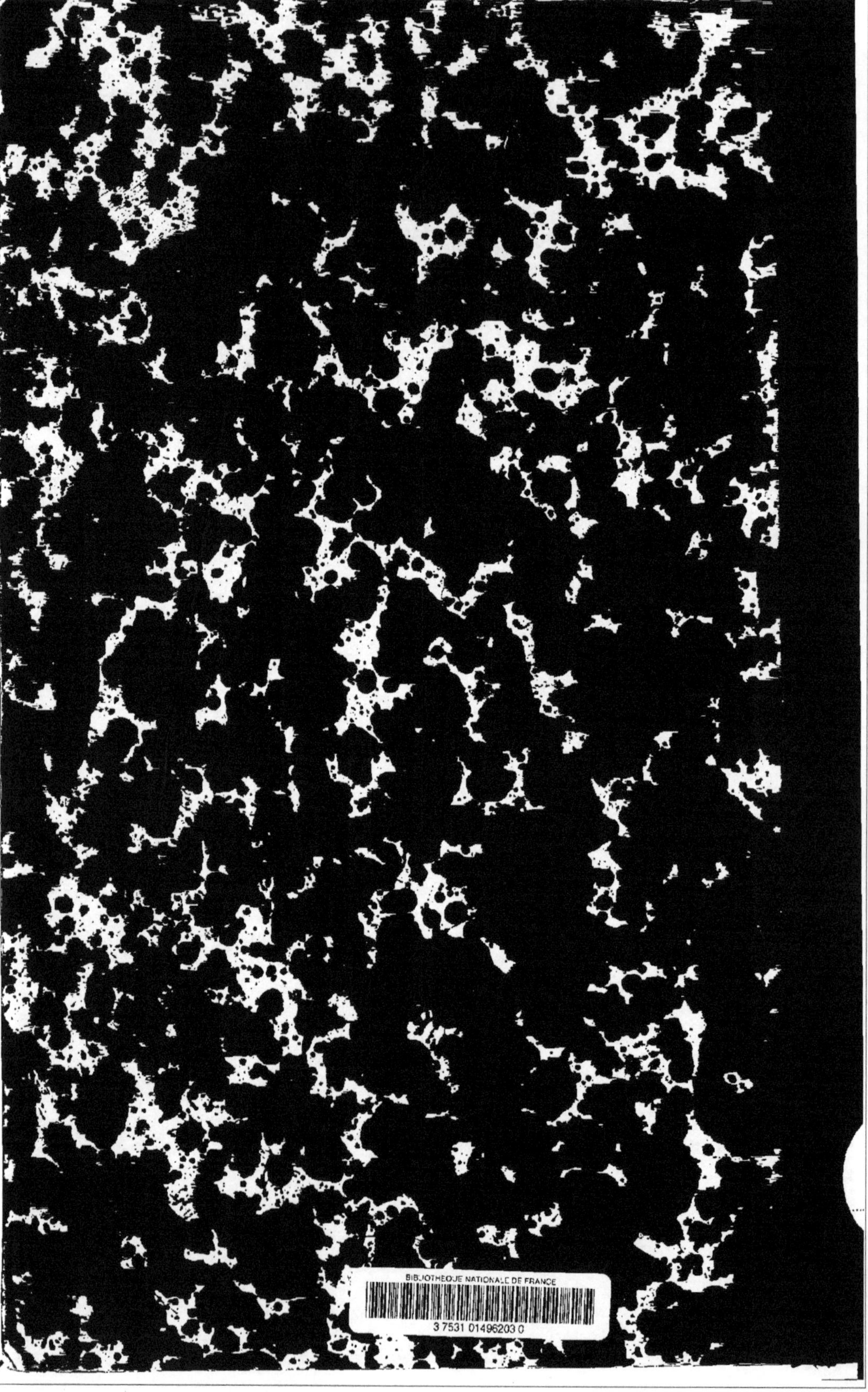